# L'anesthésie Hystérique

## Pierre Janet

une psychologie de salons, ou, pour employer l'expression de
mon excellent maître M. J. Falret, c'est une psychologie d'infirmières. La servante de la salle sait mieux que vous combien les
hystériques ont le caractère insupportable; des médecins doivent étudier autre chose. Le mot « état mental d'une malade »
doit désigner aujourd'hui pour le savant toutes les modifications qui peuvent survenir dans tous les phénomènes psychologiques, dans les sensations, les souvenirs, les perceptions, les
associations d'idées, etc. Plus tard, au vingtième siècle peut-
être, tous les malades, depuis le simple rhumatisant jusqu'au
paralytique général, auront leur psychologie minutieusement
étudiée dans tous ses détails. Nous allons voir, malheureusement, par les difficultés que présente l'étude psychologique des
hystériques qu'un pareil idéal est encore loin d'être atteint.

I. — Je vous propose de prendre comme point de départ de
notre étude des hystériques, l'analyse de leur *anesthésie* : ce
choix se justifie à la fois par des motifs pratiques et des raisons
théoriques. Ce qui rend souvent difficile l'examen des fonctions
intellectuelles, c'est que par leur nature même, elles sont ren-
fermées dans l'esprit du sujet et ne se manifestent guère à
l'extérieur par des symptômes palpables, accessibles à l'observation. Au contraire, la sensibilité et l'insensibilité sont des
phénomènes psychiques qui semblent posséder facilement des
manifestations extérieures. On peut assez bien vérifier du dehors par des opérations faciles si un membre est sensible ou ne
l'est pas et l'anesthésie est le fait psychologique le plus commode à étudier expérimentalement. Au point de vue théorique
d'ailleurs, il suffit de vous rappeler le rôle immense que tous les
psychologues ont fait jouer aux sensations dans la formation
de l'intelligence, et vous comprendrez l'importance de l'anesthésie dans la psychologie pathologique. C'est donc l'anesthésie hystérique qui doit être l'objet de notre première
étude psychologique. Je dis étude de psychologie, rassurez-vous
cependant, je tiens trop à suivre les exemples qui m'ont été
donnés ici même pour rester toujours dans la spéculation abstraite. Je vous décrirai des faits et je vous en montrerai; ce
n'est que pour expliquer ces faits que nous nous permettrons
quelques hypothèses et d'ailleurs, nous reviendrons bien vite
à l'expérience pour vérifier nos suppositions. Partir de la clinique et revenir à la clinique en traversant pour un moment le

champ des hypothèses psychologiques, tel est le plan que nous
suivrons ensemble dans l'étude de l'anesthésie hystérique.

Soyez certains, messieurs, que je n'ai pas la prétention de
vous décrire tous les caractères cliniques de cette anesthésie
que vous connaissez parfaitement; je me contente de vous rappeler certains faits dont nous aurons peut-être à nous servir.
Ainsi, vous savez que l'anesthésie est très fréquente chez les
hystériques et qu'il est rare de rencontrer les autres symptômes
de cette maladie sans qu'il y ait trace de celui-là. M. Pitres, dans
son ouvrage si précis et si utile, ne compte que 5 p. 100 de
malades sans anesthésie[1]; dans le service de M. Charcot, je
n'en connais en ce moment-ci qu'une seule qui soit de ce genre.
Peut-être aurons-nous à faire allusion à ces hystériques sans
anesthésie et à vous montrer qu'elles ont cependant un symptôme moral à peu près équivalent à celui-là. Vous savez aussi
que cette insensibilité peut être plus ou moins complète, et
qu'elle peut atteindre toutes les parties de la peau, toutes les
muqueuses accessibles et tous les organes des sens. On pourrait dire sans exagération que, si les psychologues découvrent
un jour un sens nouveau que l'on n'avait pas encore remarqué,
les médecins verront le lendemain qu'il existait une forme
d'anesthésie hystérique non soupçonnée. Le sens tactile avec
toutes ses variétés, sens de la douleur, de la température, du
contact, le sens musculaire, le sens du goût, celui de l'odorat,
l'ouïe même et la vue peuvent être séparément ou simultané-
ment affectés. Je n'ai pas besoin non plus de vous rappeler
que certaines anesthésies, celles de la vue par exemple, peuvent amener des phénomènes complexes, la diminution de
l'acuité visuelle, la dyschromatopsie et le rétrécissement du
champ visuel. Ce dernier fait, pardonnez l'expression de ce sen-
timent naïf, me cause une certaine admiration; je trouve que
c'est un beau phénomène psychologique. L'étendue de l'es-
pace qui est visible d'un seul coup d'œil, pendant que l'œil est
immobile, est rétrécie, c'est-à-dire que le nombre des phénomènes visuels qui peuvent, pendant un instant donné, pénétrer
dans la conscience est considérablement diminué. Ce petit
schéma de champ visuel rétréci que je vous montre est peut-
être l'emblème de l'esprit tout entier des hystériques

Ces anesthésies, quelles qu'elles soient, peuvent se présenter
sous des formes innombrables que nous rangerons dans cer-

[1] A. Pitres. — *Leçons cliniques sur l'hystérie*, 1891, t. I, p. 125.

taines classes ; la division n'est sans doute pas bien précise, mais elle permettra de faire sur chaque catégorie quelques remarques psychologiques. Les anesthésies peuvent être *systématisées, localisées* ou *générales.*

Les *anesthésies systématisées* sont, à mon avis, plus fréquentes qu'on ne croit généralement, car on ne les remarque pas toujours. Elles ne portent pas sur toutes les sensations venant d'un certain sens, mais sur un groupe de sensations formant un système, en laissant parvenir à la conscience la connaissance de tous les autres phénomènes fournis par ce même sens [1]. Ce genre d'insensibilités, très intéressant, est facile à constater pendant le sommeil hypnotique et à produire par des suggestions appropriées. Le sujet, par exemple, verra toutes les personnes de la salle, mais ne pourra plus voir ni entendre une certaine personne qu'on lui aura désignée ; il pourra voir des objets, des papiers qu'on lui présente, mais ne pourra plus voir un certain papier marqué d'une croix. L'analyse de ce phénomène a été pour moi le point de départ de l'étude des anesthésies hystériques, mais il n'y a pas lieu d'y insister ici, car je dois surtout vous montrer des phénomènes produits naturellement par la maladie. Cette anesthésie systématisée se rencontre aussi et naturellement pendant les somnambulismes, quelle que soit leur origine. Le somnambule ne peut voir qu'une certaine catégorie, un certain système d'objets en rapport avec son rêve, et il semble absolument anesthésique pour tous les autres. L'automate, si bien décrit par M. Mesnet, ne voyait que son allumette et non celles qui étaient présentées par d'autres personnes [2]. Une somnambule, que j'ai décrite, voyait fort bien que la lampe apportée par elle avait besoin d'être remontée, mais ne voyait pas les personnes présentes cherchant en vain à attirer son attention [3]. Le même fait peut enfin se présenter même pendant la veille des hystériques. Je viens de lire dans

---

[1] Sur les anesthésies systématisées, consulter deux études précédentes : Pierre Janet. *L'Anesthésie systématisée et la dissociation des phénomènes psychologiques*, in Revue philosophique, 1887, t. I, p. 449, et l'*Automatisme psychologique*, 1889, p. 271. Nous demandons la permission de renvoyer quelquefois le lecteur à ce dernier ouvrage dans lequel certaines questions psychologiques sont traitées avec plus de développement qu'il n'est possible de le faire dans une leçon.

[2] Mesnet. — *Automatisme*, 1874, p. 19.

[3] *Electivité ou esthésie systématisée*, in *Automatisme psychologique*, p. 237.

l'ouvrage de M. Gilles de la Tourette une observation précise
de ce genre : des hystériques, nous dit-il, continuent à sentir
certains goûts quand elles semblent avoir perdu tous les autres;
une malade ne savait plus reconnaître que le goût du jus d'oi-
gnons [1]. J'ai vu moi-même, autrefois, une malade qui m'avait
semblé fort singulière : elle avait les deux mains absolument
anesthésiques, mais elle reconnaissait toujours au contact deux
ou trois objets seulement, appartenant à sa toilette habituelle,
ses boucles d'oreille et ses épingles à cheveux en écaille. Tout
autre objet mis dans ses mains, une pièce d'or ou un crayon,
n'étaient absolument pas sentis. Une autre malade, ayant également les mains absolument anesthésiques, savait toujours,
par le simple contact et sans miroir, si sa coiffure était bien ou
mal disposée, selon ses goûts. Il semble qu'ici la sensibilité et
l'insensibilité soient réparties, non pas d'après des causes phy-
siques, mais d'après certaines idées qui déterminent le choix
des impressions senties ou non senties.

Parmi les *anesthésies localisées*, nous insisterons surtout sur
celles qui ont été autrefois décrites par M. Charcot, sous le
nom d'anesthésies en segments géométriques [2]. Des organes
entiers, ou des parties d'organes, un doigt, la main ou la cuisse,
deviennent anesthésiques dans toute leur superficie, et l'insensibilité est limitée par des lignes assez régulières, perpendicu-
laires le plus souvent à l'axe du membre. Ces répartitions de
l'anesthésie ne correspondent évidemment pas à des régions
anatomiques, ce n'est pas le territoire innervé par le cubital ou
le médian qui est anesthésique, c'est la main ou le poignet.
Un malade actuellement dans le service a conservé, à la
suite d'une monoplégie hystérique en voie de guérison, un bra-
celet d'anesthésie occupant exactement la région du poignet,
tandis que la sensibilité est intacte à la main et à l'avant-bras.
Ce n'est pas là évidemment le territoire d'un nerf spécial. Ce
n'est pas non plus une aire vasculaire irriguée par une même
artère, ainsi que l'avait autrefois supposé Briquet, pour expliquer ces répartitions de l'anesthésie. Non, la localisation n'est
pas anatomique, elle est physiologique, comme le dit justement
M. Charcot. Mais je voudrais ajouter un mot, cette répartition
correspond à une physiologie bien grossière, bien populaire.

[1] Gilles de la Tourette. — *Traité clinique et thérapeutique de l'hystérie*, 1891, p. 183.
[2] *Leçons sur les maladies du système nerveux*, 1887, t. III, p. 343.

Quand une hystérique a la main paralysée, où devrait être son insensibilité ? Sur les muscles qui ne fonctionnent pas, c'est-à-dire sur l'avant-bras. Et cependant, l'anesthésie est presque toujours limitée à la main elle-même et au poignet. Dans la cécité hystérique, l'anesthésie ne porte pas seulement sur la rétine, mais sur la conjonctive et même sur les paupières : l'hystérique amaurotique a une lunette d'anesthésie sur la face. Elle a perdu l'œil, non pas seulement dans le sens physiologique, mais dans le sens populaire du mot, c'est-à-dire tout ce qui remplit l'orbite. Il semble donc que, même dans ces anesthésies localisées, les associations habituelles de nos sensations, les idées que nous nous faisons de nos organes, jouent un rôle important et déterminent ces répartitions.

En troisième lieu, les anesthésies peuvent être générales, envahir toute la surface du corps et supprimer plus ou moins complètement telle ou telle catégorie de sensations. Nous avons ici encore une remarque importante à faire, qui s'appliquait déjà aux faits précédents, mais qui maintenant devient bien plus frappante. Les anesthésies hystériques ne sont ni dangereuses, ni gênantes. Elles ne s'accompagnent pas, du moins à l'ordinaire, de troubles de la circulation, de la nutrition des parties, elles semblent ne troubler aucunement les fonctions normales. Cela est si vrai que le plus souvent, et c'est un point capital, le sujet ignore ses propres anesthésies [1]. Peut-être ne vous rendez-vous pas bien compte de ce caractère, quand vous l'examinez ici dans le service. La plupart des malades qui viennent ici ont déjà été examinées par des médecins suffisamment instruits pour rechercher les stigmates hystériques, et elles vous avertissent elles-mêmes qu'elles ne sentent pas du côté gauche. C'est qu'on le leur a appris ; quand on observe une hystérique pour la première fois, ou bien quand on étudie des malades venant de la campagne, on constate, comme je l'ai fait souvent autrefois, qu'elles portent sans s'en douter et sans en souffrir les anesthésies les plus profondes et les plus étendues. Il est loin d'en être ainsi pour les anesthésies de cause organique, et il suffit de vous rappeler quelques exemples bien connus. Vous savez comment se présentent dans le service, les malades atteints de cette affection intéressante et

---

Cf. Pitres, *op. cit.*, t. I, p. 74, et Gilles de la Tourette, *op. cit.*, p. 161.

nouvellement étudiée, la syringomyélie. Ils ont des traces de brûlures aux doigts et ils se plaignent de se brûler à chaque instant sans le sentir. Est-ce que les hystériques ont souvent des brûlures aux mains? Évidemment non, et cependant la thermo-anesthésie est loin d'être rare dans l'hystérie. Vous connaissez également ce symptôme particulier du tabes, que M. Charcot a été l'un des premiers à décrire, et qu'il a appelé le masque tabétique. Les malades perdent la sensibilité d'une partie plus ou moins étendue de la face, mais ils s'en rendent compte subjectivement, ils se plaignent qu'une partie de leur figure a disparu et déclarent éprouver à ce propos une impression horrible. Demandez donc aux hystériques qui ont de l'anesthésie de la face et qui sont légion, si elles éprouvent une sensation horrible, et elles vous répondront toutes que cela leur est bien égal.

A propos de cette différence entre les sensations subjectives produites par l'anesthésie hystérique et celles qui accompagnent l'anesthésie de cause organique, permettez-moi de vous raconter une petite anecdote. Je ne l'ai pas recueillie moi-même, mais elle m'a été rapportée par mon frère, le Dr Jules Janet. Quand il était interne à la Pitié, chez M. le Dr Polaillon, il eut l'occasion d'observer le cas suivant : Une jeune fille d'une vingtaine d'années avait été victime d'un accident assez grave; elle était tombée au travers d'une porte vitrée et si malheureusement, qu'un fragment de verre lui fit une profonde entaille à la face inférieure du poignet droit, juste au-dessous de l'éminence thénar. On arrêta l'hémorrhagie et la plaie se cicatrisait tant bien que mal, quand la jeune fille peu de jours après l'accident se présentait à la consultation ; elle éprouvait un certain engourdissement dans la main droite, mais la paralysie n'était pas manifeste. Elle se plaignait surtout d'une insensibilité persistante et des plus gênantes siégeant à la paume de la main : cette anesthésie faible aux doigts était en effet complète au niveau de l'éminence thénar. Il s'agissait évidemment d'une section plus ou moins complète du médian et surtout de ses filets superficiels. Mais en prenant l'observation de la malade, on fit une singulière découverte : c'était une hystérique et elle avait sur tout le côté gauche, du haut en bas, une anesthésie complète dont elle n'avait pas dit un mot. Le médecin se moqua d'elle et lui dit : « Comment, mademoiselle, venez-vous gémir pour une insensibilité qui occupe une toute petite région de la paume de la main droite, tandis que vous ne vous apercevez même pas que vous ne sentez absolument rien sur tout le côté gauche. » La pauvre fille fut interloquée et très honteuse ; à mon avis, elle aurait pu répondre avec plus d'assurance et dire au médecin : « Que voulez-vous ? Je constate ce que j'éprouve, mon insensibilité de la paume de la main droite me gêne et mon insensibilité de tout le côté gauche ne m'a jamais gênée. Quant à vous, médecin, expliquez cela comme vous pourrez. »

La même remarque peut se faire, je crois, pour tous les sens, même pour le sens visuel. Il est une maladie bien connue des oculistes, la rétinite pigmentaire, qui consiste en une sclérose de la rétine, progressive et marchant de la périphérie vers le centre. Naturellement, une lésion pareille produit un rétrécissement progressif et concentrique du champ visuel. Mais ces malades sont extrêmement malheureux ; ils arrivent à peine à se conduire dans la rue et font de perpétuels efforts pour remuer dans tous les sens leur œil dont le champ visuel est rétréci. Ces efforts exagérés amènent des souffrances et des troubles dans les mouvements des paupières et de l'œil. Est-ce que les hystériques ont des souffrances et compensent-elles leur rétrécissement par des convulsions du globe oculaire? Dimanche dernier, en venant dans le service, j'ai rencontré plusieurs des jeunes malades qui jouaient au ballon dans la cour. Il ne faut jamais perdre une occasion de faire une observation psychologique et j'ai remarqué que, parmi les plus animées au jeu et les plus habiles, se trouvait une jeune fille que je vais d'ailleurs vous présenter tout à l'heure. Elle a aux deux yeux un rétrécissement énorme, le champ visuel à droite et à gauche n'est pas plus grand que 5°, c'est-à-dire qu'il est réduit à un point. Comment se fait-il que les malades atteints de rétinite pigmentaire aient peine à se conduire dans la rue, quand ils ont un rétrécissement de 20 à 15°, tandis qu'une jeune hystérique court après un ballon et le rattrape en l'air avec un rétrécissement double de 5°? Est-ce que Messieurs les médecins oculistes ont suffisamment médité sur ce petit problème?

Les remarques précédentes sur la systématisation, la répartition intelligente et le peu de gravité des anesthésies hystériques nous montre déjà que nous avons affaire à un phénomène tout particulier qui ne ressemble pas aux autres lésions

nerveuses. Un certain nombre d'observations que nous avons
eu l'occasion de faire autrefois et que beaucoup d'entre vous
ont dû faire également de temps à autre vient confirmer sin-
gulièrement ces remarques et augmenter notre embarras.

Il y a déjà quelques années, j'observais des malades hystériques dans un service de l'hôpital du Havre que m'avait si
obligeamment ouvert mon excellent ami le Dʳ Powilewicz.
J'étudiais à peu près seul et sans guide et je m'embarrassais
à chaque instant d'une manière peut-être excessive : vous allez
en juger. Pour me rendre utile dans le service, je m'étais
chargé d'électriser les jambes d'une malade atteinte de para-
plégie hystérique. Elle était complètement anesthésique, ainsi
que je l'avais vérifié cent fois, elle avait un rétrécissement
considérable du champ visuel, une achromatopsie complète
des deux yeux, enfin tous les symptômes classiques. Dans ma
naïveté, je m'intéressais aux contractions musculaires provo-
quées par le contact de l'électrode négative et je promenais
mon tampon sur les cuisses et sur les jambes ; quand tout à
coup, une remarque accidentelle fit tomber tout mon enthou-
siasme. Les deux fils qui rattachaient les tampons à l'appareil
étaient tombés peut-être depuis longtemps et j'électrisais en
réalité avec de simples morceaux de bois. Mon premier mouvement fut de m'écrier et de rattacher les fils aux bornes ;
mais je me souvins à temps du conseil que M. Charcot
m'avait donné peu de temps auparavant. « Avec les hystériques ne vous étonnez jamais de rien : *nil admirari*, doit être
votre devise. » Eh bien, soit, ne soyons pas surpris et puisque,
après tout, les contractions musculaires se produisaient bien
tout à l'heure, continuons. Je pris seulement la précaution de
détourner la tête de la malade et de cacher les yeux par un
écran : les contractions se produisirent de plus belle au simple
contact du tampon. Ce n'est pas, direz-vous, une chose bien
merveilleuse ; il y a là une sorte d'habitude, une suggestion
qui s'exécute. C'est bien aussi mon avis, mais je voudrais seulement savoir comment cette malade qui avait toute la peau du
corps absolument insensible pouvait sentir le moment où mon
tampon touchait ses jambes, pour produire un mouvement à
ce moment et seulement à ce moment.

A peu près, au même moment, je fis une autre observation
également embarrassante, mais il s'agissait cette fois des sensations musculaires et non des sensations tactiles. J'étudiais

non plus à l'hôpital, mais chez elle une jeune femme de vingt-
deux ans que j'ai souvent décrite sous le nom de Lucie. Elle
avait à peu près tous les jours dans la soirée une grande attaque hystérique qui se prolongeait plus de cinq heures. Permettez-moi de vous décrire en deux mots cette attaque intéressante à plusieurs points de vue. Après une aura assez
longue, la malade tombait brusquement à la renverse, immobile, entièrement contracturée, elle paraissait respirer diffici-
lement et sa face devenait violette. Suivaient de grands mouvements, arcs de cercle, salutations, coups de pied, etc., et
brusquement la malade se dressait les yeux ouverts. Elle
regardait fixement les rideaux de sa fenêtre et gardait les bras
en l'air dans la position de la terreur. J'ai appris plus tard
qu'elle avait alors une hallucination terrifiante et croyait voir
des hommes cachés dans ces rideaux. Cette attitude, presque
sans modifications, se prolongeait sans exagération pendant
une heure. Puis la malade remuait de plus en plus et entrait
dans une sorte de délire somnambulique fort curieux, pendant
lequel elle avait la singulière habitude de descendre à la cuisine et de se faire un dîner sommaire qu'elle mangeait de bon
appétit, tandis qu'elle refusait de manger pendant la veille.
Cette crise est remarquable, comme vous le voyez, par son
caractère en quelque sorte classique ; n'oublions pas que cette
pauvre femme de vingt-deux ans habitait les faubourgs d'une
ville de province, qu'elle n'avait jamais été dans un hôpital et
que même elle n'avait été examinée par aucun médecin. Pour
le moment, nous n'avons à insister que sur un seul détail :
j'avais remarqué que pendant la veille la plus normale, il suffi-
rait de lui lever les deux bras et de les placer dans la posture
de terreur qu'ils prenaient pendant la crise pour provoquer
aussitôt une attaque. Rien de plus simple et de plus connu,
me direz-vous, vous éveillez par la notion de la position des
bras l'idée principale de l'attaque et le reste se déroule. C'est
vrai, mais il y a un petit détail : Lucie était anesthésique de
tout le corps et ne présentait plus nulle part aucune trace du
sens musculaire. Comme une malade que l'on vous a présentée
ici dernièrement, elle tombait brusquement dès qu'on lui fermait les yeux. Or, j'ai souvent pris la précaution de lui fermer
les yeux avant de placer les bras et la crise n'en commençait
pas moins, dès que les membres avaient la position voulue.
Comment donc la notion de cette position a-t-elle été appréciée
par un sujet aussi insensible ?

Le procédé précédent qui consiste à provoquer la crise d'hystérie au moyen de ces sensations en apparence disparues de
l'esprit du sujet m'a permis de reproduire ici une expérience
analogue, non plus sur le sens musculaire, mais sur le sens
visuel. Il y avait dans le service, au mois d'octobre dernier, un
jeune homme de seize ans qui avait eu sa première attaque
d'hystérie à la suite d'une forte frayeur qu'il avait éprouvée
pendant un incendie. Comme vous le devinez, il reproduisait
cet épisode à chacune de ses attaques, criait « au feu ! »,
appelait les pompiers, se débattait dans les flammes. En outre
il suffisait, quand il était bien calme, de lui parler d'incendie
et surtout de lui montrer une petite flamme pour provoquer
aussitôt le retour de l'attaque. Un jour, je le plaçais en face du
périmètre, comme pour lui mesurer le champ visuel, je lui fis
fermer l'œil droit et fixer avec l'autre œil le point central. Il
s'attendait à voir avancer sur l'arc de cercle noirci un morceau
de papier comme il l'avait vu souvent. Mais je tenais soigneusement cachée derrière son dos une allumette enflammée et
je l'approchai doucement de l'extrémité de l'arc. L'allumette
était à peine vers le degré 80, que le malade poussa un cri
« au feu ! » et se renversa en convulsions. Rien d'étonnant sans
doute, puisque vous savez que la vue d'une flamme amenait
la crise. Mais ici encore une question obscure, ce malade
avait du côté gauche, ainsi qu'on l'avait mesuré plusieurs fois,
le champ visuel rétréci à 30°, au maximum 35°, et mon allumette étant à 80° se trouvait évidemment placée dans la partie
du champ visuel qui était invisible, son image se projetait sur
la partie anesthésique de la rétine.

Cette étude de l'anesthésie oculaire chez les hystériques
peut se faire d'une autre façon, qui a conduit déjà plusieurs
observateurs à faire des remarques analogues à celles que
nous venons d'exposer. Les hystériques présentent souvent,
quand on les examine, une amaurose complète d'un œil. Mais
cette perte d'un œil semble les gêner si peu, comme d'ailleurs
les autres insensibilités, que l'on a été conduit à examiner ce
symptôme avec quelque sévérité. Les médecins majors dans
les régiments, très experts dans l'art de démasquer les super-
cheries médicales, ont appliqué aux hystériques amaurotiques
les procédés qui leur servaient dans les conseils de revision.
L'un de ces procédés consiste à faire regarder les sujets dans
la boîte de Flees ; c'est un petit instrument, que vous voyez,

très ingénieux : grâce à un jeu de miroirs, le sujet qui regarde dans la boîte en tenant les deux yeux ouverts voit à sa droite un objet, un pain à cacheter rouge par exemple, qui est vu en réalité uniquement par l'œil gauche et il voit à sa gauche un pain à cacheter blanc qui est vu uniquement par l'œil droit. Supposons un simulateur non prévenu prétendant n'y pas voir de l'œil gauche, il dira qu'il ne voit pas le point qui lui apparaît à gauche, il supprimera le point blanc et ne parlera que du point rouge qui lui apparaît à droite; or justement ce point rouge ne peut être vu que par l'œil gauche. Eh bien, montrons cette boîte à une hystérique amaurotique de l'œil gauche, elle va tomber dans l'erreur des simulateurs, comme fait une jeune fille que je vais vous montrer, ou bien elle verra plus naïvement encore les deux pains à cacheter, comme faisait une malade de M. Pitres [1].

M. Charcot et M. Regnard ont constaté, il y a déjà long-temps, un fait analogue à propos de la dyschromatopsie hys-térique. Une malade ne distinguait que le rouge et ne voyait pas les autres couleurs, mais si on faisait tourner devant ses yeux une roue de Newton sur laquelle étaient peintes les sept couleurs du prisme, le sujet voyait se former une teinte blanc grisâtre, comme si toutes les couleurs eussent produit sur elle leur effet habituel [2]. Plus tard M. Parinaud, l'éminent chef du laboratoire d'oculistique, reprit cette étude de l'amaurose unilatérale avec une grande précision [3]. M. Bernheim a refait et confirmé ces expériences en comparant l'amaurose hysté-rique et l'amaurose suggestive [4]. M. Pitres a également pour-suivi des recherches dans le même sens et les résultats auxquels il est parvenu ont été d'accord avec les conclusions des auteurs précédents. Je ne parlerai pas de l'interprétation proposée par ces auteurs, elle me paraît sinon inexacte, au moins incom-plète ; mais je retiens le fait que leurs travaux ont mis en lumière. L'hystérique ne paraît aveugle que si on l'interroge

[1] Pitres, op. cit., t. I, p. 102.

[2] Gilles de la Tourette, op. cit., 346.

[3] Cf. Thèse d'agrégation de M. Grenier : Des localisations dans les maladies nerveuses, 1886 ; M. Parinaud : Anesthésie de la rétine, etc., bulle-tins de l'Académie royale de médecine de Belgique, 1886, et du même auteur : Sur une forme rare d'amblyopie hystéro-traumatique, bulletin médical, 1889, p. 777.

[4] Revue de l'hypnotisme, 1887, p. 68.

d'une certaine manière ; un grand nombre de recherches prouvent que l'œil en apparence aveugle voit parfaitement enréalité.

J'étais parvenu moi-même en 1888 à un résultat identique par des procédés moins précis. Une jeune fille de l'hôpital du Havre semblait absolument aveugle de l'œil gauche ; elle prétendait être dans l'obscurité absolue quand on lui fermait l'œil droit. Un jour, j'étais placé à sa droite et je lui montrais des images sur lesquelles elle faisait des commentaires : je passai doucement à sa gauche en continuant à causer et je pus retirer les images fortement du côté gauche, sans qu'elle cessât de les voir. J'ai même montré, ce qui est bien plus curieux, que le sujet garde le souvenir d'un objet uniquement montré à l'œil gauche pendant que l'œil droit était fermé [1], mais nous aurons à vous parler plus tard de ce souvenir. Concluons seulement que les malades amaurotiques continuent à voir de leur œil aveugle ; cela est bizarre, mais certain. Mais ne nous figurons pas que ce caractère n'existe que dans les anesthésies oculaires et doive s'expliquer par la différence de la vision monoculaire ou binoculaire. Ce caractère contradictoire, nous l'avons déjà rencontré dans toutes les anesthésies hystériques ; c'est là un problème général et non un problème propre au sens visuel.

Avant d'entrer dans la discussion de ce problème, je voudrais, Messieurs, vous le rendre bien sensible et pour cela, je vais vous présenter quelques-uns des phénomènes embarrassants que je vous ai signalés. Vous aurez ensuite plus de courage pour en chercher avec moi la solution. Voici, Messieurs, une jeune fille de vingt ans, Isabelle, qui nous présente le type de l'hystérie la plus banale : père alcoolique, accidents névropathiques dans l'enfance, mouvements choréiques, puberté retardée et pénible, chloro-anémie à seize ans et à la suite de chagrins et d'émotions, tristesse continue, petites crises d'hystérie, anorexie et petites contractures disséminées. Elle est anesthésique du côté gauche, incomplètement à la jambe, absolument au bras, au thorax et à la figure, elle a une diminution très marquée du goût et de l'odorat, et une amaurose de l'œil gauche. Je vérifie soigneusement et sévèrement devant vous tous ces symptômes, vous voyez que l'aiguille traverse la peau de son bras gauche sans qu'elle paraisse s'en apercevoir [2].

[1] *Automatisme psychologique*, p. 295.

[2] Nous étudions l'anesthésie banale des hystériques, telle qu'on la constate et qu'on l'admet couramment dans les observations cliniques.

Eh bien, nous allons lui proposer une petite convention, pour
vérifier rapidement son anesthésie. Nous la prions de répondre
« oui » toutes les fois qu'elle sera pincée dans une partie sensible et « non » quand elle sera pincée sur une partie insensible. Comme elle est fort naïve, elle accepte sans sourciller.
Et vous voyez ce singulier spectacle, quoiqu'elle ait les yeux
soigneusement cachés par un écran, elle ne se trompe jamais
et crie toujours « oui » quand je pince la main droite et « non »
quand je pince la main gauche. Elle est aveugle de l'œil gauche
et se plaint de se trouver dans l'obscurité absolue quand je
ferme l'œil droit : je la fais regarder dans la boîte de Flees et
elle nous déclare gravement qu'elle a vu un pain à cacheter
rouge. Vous savez qu'il ne peut être vu que par l'œil gauche.

Voici maintenant une autre jeune fille, Berthe, âgée de
dix-huit ans, qui présente une histoire à peu près semblable à
celle de son amie Isabelle : antécédents héréditaires, somnambulisme nocturne dans l'enfance, contractures passagères aux
membres, attaques de diverses espèces, qui sont quelquefois
suivies d'une cécité complète des deux yeux heureusement
passagère. Elle est hémianesthésique gauche, mais je n'expé-
rimenterai que sur le bras, car c'est le seul endroit où l'anesthésie soit tout à fait complète et indiscutable, comme vous le
voyez. Elle a complètement perdu le goût et l'odorat et elle présente surtout un rétrécissement du champ visuel intéressant.
Il est le même pour les deux yeux et il est certainement infé-
rieur à 10°, nous disait M. Parinaud, qui l'a examinée dernièrement. Vous voyez qu'elle ne voit un papier que s'il est tout
près du point central du périmètre, à une distance de 5° au plus.

Nous allons d'abord essayer de reproduire avec elle l'observation qui m'a tant frappé en 1887 et que l'on pourrait appeler
l'électrisation imaginaire. Je lui donne dans la main droite
un tampon à tenir et avec l'autre tampon, je lui touche légèrement la peau de l'avant-bras gauche sans qu'elle puisse voir à
quel moment je touche. Voyez les belles secousses musculaires, et comme la main se relève brusquement dès le plus
léger contact. Inutile de vous faire remarquer, messieurs, que
la pile ne marche pas, comme vous le voyez, le zinc n'est pas
baissé [1].

[1] On devine que ce fait n'est pas ici aussi naturel que dans mon
observation fortuite de 1887 : il est obtenu ici par une suggestion dont
l'exécution seule est intéressante.

Je ne puis pas répéter devant vous l'expérience qui consistait à provoquer la crise de ce jeune homme en lui montrant une allumette dans la partie invisible du champ visuel, le malade n'est plus dans le service. Mais je puis reproduire sur cette jeune fille une expérience à mon avis tout aussi démonstrative. Je l'ai habituée à s'endormir quand elle voit mon doigt levé devant elle, c'est une de ces suggestions à point de repère que vous connaissez bien. Eh bien! je la place au périmètre, l'œil droit fermé et l'œil gauche fixé sur le point central, j'avance lentement mon doigt sur l'arc de cercle, il n'est pas encore au degré 80 que Berthe est déjà tombée en arrière hypnotisée.

Que pensez-vous de ces observations? Quel est votre avis sur l'état de la sensibilité de ces deux jeunes filles? Si vous aviez un rapport à faire sur elles, que diriez-vous? Sont-elles sensibles du côté gauche? On peut traverser leur peau avec des épingles sans qu'elles le sachent. Sont-elles insensibles? Elles répondent dès qu'on les touche, même légèrement. Isabelle est-elle aveugle ou ne l'est-elle pas? Berthe a-t-elle un champ visuel rétréci? Ce sont des questions cliniques que je vous pose et vous voyez que leur intérêt est très réel si l'on veut comprendre l'hystérie. Vous n'hésiterez donc pas à me suivre dans quelques études de psychologie bien simple qui nous sortiront peut-être de cet embarras.

II. — L'esprit humain n'admet pas la contradiction absolue dans les phénomènes qu'il étudie, il a besoin de comprendre c'est-à-dire de rétablir l'unité en apparence compromise. Mais pour mettre de l'unité au milieu de faits divers il faut une idée, une théorie: les hypothèses peuvent avoir des défauts et des dangers; elles sont inévitables. Renoncer aux hypothèses, c'est renoncer à comprendre et même à penser. C'est par elles que la science ressemble à l'art et à la poésie, elles forment cette partie de lui-même que l'esprit humain doit mettre dans les faits pour les rendre intelligibles à des hommes. Il nous faut donc une hypothèse pour comprendre l'anesthésie hystérique.

Ce besoin est si réel que depuis longtemps, les observateurs superficiels ont expliqué à leur façon et par un procédé commode les contradictions présentées par ces malades. Elles prétendent ne pas sentir et par des artifices on prouve qu'elles sentent parfaitement. Donc leur insensibilité est simulée et vos procédés ne sont que des moyens de tromper un trompeur et de démasquer la supercherie. Il faut avouer que les hystériques n'ont pas de chance : autrefois, on les brûlait comme sorcières et on les accusait de cohabiter avec le diable ; puis on leur a attribué toutes les débauches imaginables et pour le peuple, elles sont encore le type de la passion érotique; nous croyons être plus avancés et nous inventons la simulation hystérique.

Peut-être serez-vous un jour convaincus que cette fameuse simulation n'existe que dans l'esprit des médecins incapables de comprendre un fait moral. Je me contente de vous montrer en peu de mots combien cette explication est ici grossière et insuffisante. Ont-elles un intérêt quelconque à simuler l'anesthésie pour le seul plaisir de se faire traverser le bras avec des aiguilles? Ces jeunes filles passent-elles au conseil de revision, pour simuler l'amaurose unilatérale? Cette supercherie compliquée est-elle d'accord avec la simplicité naïve de ces deux petites jeunes filles que je viens de vous montrer? Comment dans tous les pays civilisés les hystériques se sont-ils entendus pour simuler la même chose depuis le moyen âge jusqu'à aujourd'hui? Si les hystériques simulaient, se laisseraient-ils prendre à des pièges aussi grossiers que ceux qui leur sont tendus? Enfin est-ce qu'ils sont venus se vanter de leurs anesthésies ? Mais je vous ai dit que ces malades les ignorent. C'est nous qui les leur révélons et ils pourraient nous dire : « Si vous n'êtes pas content de notre insensibilité, n'en parlez pas, ce n'est pas nous qui vous l'avons signalée et nous ne tenons pas à passer pour insensibles. »

Il faut sortir de ces explications grossières et puisque l'insensibilité comme la sensibilité sont des faits psychologiques, il faut demander à la psychologie quelques notions sur les sensations. Ce phénomène de la sensation a été défini d'une manière fort vague : la plupart des psychologues admettent d'une façon plus ou moins explicite des définitions analogues à celles de Wundt : « les sensations sont des états de conscience primitifs qu'il est impossible de décomposer en phénomènes plus simples[1] ». En un mot, les sensations seraient en psychologie ce que sont les atomes en chimie, et cette notion semble

---

[1] Wundt. — *Psychologie physiologique*. Traduct. 1886, t. I, p. 305.

d'une manière générale assez satisfaisante. Mais immédiatement la plupart des psychologues ajoutent une autre formule
pour compléter et préciser la première. « La sensation, disent-
ils, c'est le phénomène qui se passe en *moi* quand je puis dire :
*je* sens, *je* vois[1]. » Cette seconde définition, loin d'éclaircir la
première, nous semble en complète contradiction avec elle.

Les mots « *je vois, je sens* », loin de pouvoir s'appliquer à un phénomène simple, désignent au contraire un
phénomène fort complexe. L'un des deux mots que con-
tiennent ces expressions « *sentir, voir* », peut à la rigueur
s'appliquer à un phénomène simple, à un atome psychologique.
Un physiologiste, Herzen[2], disait que l'on peut comparer le
cerveau à une vaste salle remplie d'une quantité innombra-
ble de petits becs de gaz. De temps, en temps, certaines
petites lampes s'allumeraient de côté et d'autre, c'est ce que
désigne ce mot isolé « *sentir, voir* ». Mais il est loin d'en être
ainsi pour les mots « *je, moi* », ce sont des termes énormément complexes. C'est l'idée de la personnalité, c'est-à-dire la
réunion des sensations présentes, le souvenir de toutes les
impressions passées, l'imagination des phénomènes futurs,
c'est la notion de mon corps, de mes capacités, de mon nom,
de ma situation sociale, de mon rôle, c'est un ensemble de
pensées morales, politiques, religieuses, etc., c'est un monde
d'idées, le plus considérable peut-être que nous puissions
jamais connaître, car nous sommes loin d'en avoir fait le tour.
Il y a donc dans le « *je sens* », deux choses en présence, un
petit fait psychologique nouveau, une petite lueur qui s'al-
lume « *sens* » et une énorme masse de pensées déjà constituées
en système « *je* ». Ces deux choses se mélangent, se combinent,
et dire « je sens », c'est dire que la personnalité déjà énorme
a saisi et absorbé cette petite sensation nouvelle qui vient de
se produire. Si j'osais, et ce n'est pas tout à fait absurde, je
vous dirais que le « je » est un animal vivant extrêmement
vorace, une sorte d'amibe étalée sur le tableau qui envoie un
prolongement pour saisir et absorber un tout petit être, la
petite sensation qui vient de naître à côté de lui.

[1] Sur ces discussions psychologiques, consulter *Automatisme psychologique*, p. 39 et p. 305.

[2] Herzen. — *Le cerveau et l'activité cérébrale*, 1887. Consulter tout ce
chapitre excellent sur la conscience et la personnalité, p. 197

Cette opération d'assimilation et de synthèse se répète pour chaque sensation qui naît en nous et il en naît à chaque moment une quantité qui ont leur origine dans toutes ces mille impressions que reçoivent incessamment tous nos sens. Nous pouvons alors nous représenter ce qu'on appelle vulgairement la sensibilité comme une opération à deux temps. Premier temps : il se produit dans l'esprit, dans les cellules corticales du cerveau, si vous voulez, un très grand nombre de petits phénomènes psychologiques élémentaires à la suite des innombrables excitations extérieures : ce sont des phénomènes dus au sens tactile TT'T", au sens musculaire MM'M", au sens visuel VV'V", auditif AA'A", pour ne prendre que ceux-ci

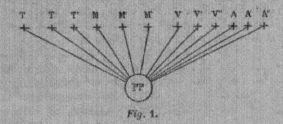

Fig. 1.

comme exemple. Appelez ces phénomènes comme vous voudrez, des *sensations élémentaires*, des *états affectifs*, pour employer l'expression d'un célèbre psychologue français, Maine de Biran, que les élèves de l'école de médecine auront quelque jour à étudier, ou simplement des *phénomènes subconscients;* rappelez-vous seulement que ce sont des faits psychologiques simples sans l'intervention de l'idée de personnalité. Deuxième temps : il s'opère une réunion, une synthèse de tous ces phénomènes élémentaires qui sont combinés entre eux, et surtout combinés avec la notion vaste et antérieure de la personnalité. C'est seulement après cette opération que *nous* avons conscience de sentir telle ou telle impression, que nous pouvons dire : « *Je sens* ». Je vous propose de désigner cette nouvelle opération sous le nom de *perception personnelle* PP : c'est bien une perception, c'est-à-dire une conscience plus complète et plus claire; le mot personnelle vous empêchera de confondre cette opération avec la perception extérieure, dont nous n'avons pas à parler ici, et vous rappellera que son caractère essentiel est l'adjonction de la notion de personnalité.

La description et le schéma que nous venons d'étudier sont
évidemment théoriques et ne peuvent s'appliquer qu'à un
homme idéal et non à un homme réel. Aucun homme en effet
n'est capable de réunir ainsi, à chaque instant, dans une même
perception personnelle, toutes les sensations élémentaires qui
naissent en lui de tous côtés. Chez l'homme le mieux constitué,
il doit y avoir une foule de sensations élémentaires produites
par la première opération et qui échappent à la seconde. Ces
phénomènes tels que T ou M dans la figure 2, restent ce qu'ils
sont, des sensations subconscientes, réelles sans doute, et pou-
vant jouer un rôle considérable dans la vie psychologique de
l'individu, mais ne sont pas transformées en perceptions per-

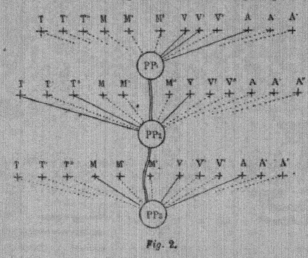

*Fig. 2.*

sonnelles et n'arrivent pas à faire partie de la personnalité. La
personne « je » dira donc : « Je sens » à propos des phénomènes V ou A qu'il saisit et perçoit, mais n'appréciera pas
l'existence de T ou de M et dira à leur propos : « Je n'ai rien
senti. » Quel est le nombre normal des phénomènes de sensation élémentaire qu'un homme peut ainsi réunir dans une perception personnelle? Je n'en sais rien, mais je le crois très
variable suivant mille circonstances, et je vous propose d'appeler *étendue du champ de la conscience*, le nombre maximum
de ces phénomènes dont un individu peut, à un moment donné,
avoir la perception personnelle.

Supposons que ce champ de conscience soit chez un individu fortement rétréci, il ne pourra par exemple, à chaque moment, percevoir plus de trois sensations élémentaires telles que VV'A et il laissera le reste dans la subconscience. Il semble que cela produise dans son esprit un vide considérable. Non, pas forcément, car, l'instant suivant, il pourra facilement, en dirigeant autrement son attention, avoir la perception de ces sensations tactiles qu'il avait laissées de côté et, dans un troisième moment, il pourra former une perception personnelle même avec des sensations musculaires M. Par exemple, au

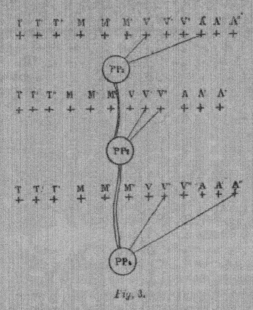

Fig. 3.

premier moment, il regardera et écoutera une personne qui lui parle, sans se préoccuper des impressions tactiles qui continueront à l'assaillir; au deuxième moment, il regardera un objet en le touchant et il appréciera le contact cette fois-ci sans avoir conscience des bruits environnants. Au troisième moment, il écrira sous la dictée, ayant la perception du son de la voix, de la vision des lettres et des mouvements musculaires. Vous voyez donc que, dans ce cas, il n'y aura pas de véritables anesthésies; si on examine successivement chaque sens en attirant sur lui l'attention du sujet, on verra qu'il peut avoir la perception de toutes les impressions. Cet individu qui a déjà le champ de conscience très rétréci n'est pas un anesthésique, c'est simplement un *distrait*.

Mais allons plus loin, et supposons que le champ de conscience se rétrécisse encore; le malade ne peut plus percevoir à la fois que deux sensations élémentaires. Par nécessité même, il réserve cette petite perception pour les sensations qui lui semblent à tort ou à raison les plus importantes, les sensations de la vue et de l'ouïe. Il faut avoir conscience de ce que l'on voit et de ce que l'on entend et il néglige de percevoir les sensations tactiles et musculaires dont il croit pouvoir se passer. Au début, il pourrait peut-être encor se tourner vers elles, les reprendre dans le champ de la perception personnelle, au moins pour un moment. Mais l'occasion ne s'en présente pas et lentement la mauvaise habitude psychologique est prise. Mille circonstances, les exemples, les suggestions, les investigations médicales mêmes peuvent avoir une grande influence pour déterminer, pour fixer de telles habitudes. Rien n'est plus grave, plus résistant que ces habitudes morales, il y a une foule de maladies qui ne sont que des tics psychologiques. Un beau jour le malade, car vous devinez qu'il est devenu un malade, est examiné par le médecin. On lui pince le bras gauche, on lui demande s'il sent le pincement, et à sa grande surprise, le patient constate qu'il ne sait plus sentir consciemment, qu'il ne peut plus, si j'ose ainsi dire, rattraper dans sa perception personnelle des sensations trop longtemps négligées : il est devenu *anesthésique*[1].

Ce sont là, messieurs, des hypothèses, mais elles ont été imaginées pour expliquer le plus simplement possible les faits que nous avons constatés. Elles consistent à supposer un petit nombre de choses importantes dont voici, je crois, les deux principales : 1° les sensations existent dans l'esprit humain sous deux formes différentes, sous forme de perceptions personnelles, caractérisées par la conscience complète et la notion de personnalité et sous forme de sensations élémentaires, subconscientes, sans être rattachées à la personnalité; 2° la perception personnelle peut disparaître, tandis que les sensations élémentaires persistent; cette disparition de la perception per-

[1] On trouvera la discussion plus précise de ces théories psychologiques dans l'*Automatisme psychologique*, 1889, p. 305.

sonnelle se fait par un mécanisme analogue, ne me faites pas dire identique, à celui qui est connu sous le nom de la distraction.

III. — Une hypothèse doit toujours pouvoir être vérifiée par ses conséquences, et il est facile de prévoir que les propositions précédentes, si elles ont quelque vérité, doivent amener avec elles des conséquences nombreuses, accessibles à l'observation. La supposition principale que nous avons faite est celle de l'existence permanente des phénomènes élémentaires, des sensations subconscientes, malgré les distractions et les anesthésies hystériques. Si de telles sensations existent, direz-vous, elles doivent pouvoir se manifester, car des sensations mêmes élémentaires jouent toujours un certain rôle. Cela est incontestable et nous devons chercher maintenant ces manifestations sur les sujets que je vous ai présentés.

Vous savez, sans que j'insiste sur la théorie de ce phénomène, que les sensations amènent à leur suite des mouvements; eh bien, les sensations dont nous parlons même non senties par le sujet se manifestent par des mouvements souvent très visibles. D'abord vous n'ignorez pas que la plupart des réflexes sont conservés dans l'anesthésie hystérique. M. Charcot nous a montré dernièrement un homme absolument anesthésique du côté gauche. Il suffisait d'effleurer, même à son insu, la peau insensible de la paroi abdominale du côté gauche pour provoquer la contraction des muscles sous-jacents. C'est le réflexe abdominal de Rosenbach dont la conservation était évidente. Le réflexe crémastérien se manifestait aussi bien, quand on touchait la face interne de la cuisse gauche insensible[1]. Les réflexes circulatoires vaso-moteurs sont aussi parfaitement intacts, ainsi que mon ami M. Hallion l'a démontré l'année dernière au moyen d'un appareil fort ingénieux. Les réflexes pupillaires à la lumière et à l'accommodation sont intacts, comme vous pouvez le voir, même pour l'œil amaurotique d'Isabelle et cependant ces réflexes dépendent de la sensibilité rétinienne. Vous savez aussi que, dans l'état normal, la pupille se dilate, quand on excite un organe sensible quelconque et, sur ces deux jeunes filles vous pouvez constater ce fait curieux signalé, si je ne me trompe, pour la première fois par M. Pitres.

[1] Cf. Pitres, *op. cit.*, t. I, p. 71.

Leur pupille se dilate quand on vient à pincer fortement même leur bras gauche anesthésique [1].

Ce sont là des réflexes que vous considérez comme tout à fait organiques, quoiqu'ils soient liés cependant à la sensibilité. Je vais vous montrer des faits du même genre qui vous paraîtront peut-être plus curieux. Dans la main insensible de Berthe, je mets un objet sans la prévenir et sans qu'elle le puisse voir. Vous constatez ce qui s'est passé, elle a saisi et tâté la paire de ciseaux que je lui avais mise dans la main, elle a glissé les doigts dans les anneaux, et sa main se met à ouvrir et à fermer alternativement les ciseaux. Dans les mêmes conditions, je lui place dans la main un objet plus petit; vous voyez que la main fait des mouvements de va et vient comme pour coudre une étoffe, elle tient une aiguille. En un mot, ces sensations en apparence non senties amènent régulièrement le mouvement qui les suivrait dans les conditions normales.

Les sensations sont aussi, et très souvent même, le point de départ de ce qu'on appelle en psychologie des associations d'idées. Une sensation devient une sorte de signe, à propos duquel naissent dans l'esprit des souvenirs ou des images variées. C'est ce qui arrive, quand nous voyons un drapeau, quand nous entendons la cloche qui nous fait penser à l'arrivée du chef de service, ou simplement quand nous regardons des lettres écrites sur un papier. Eh bien, j'établis dans l'esprit de cette jeune fille une association de ce genre, je lui affirme qu'au moment où je toucherai son pouce, elle verra devant elle un papillon, et qu'au moment où je toucherai son petit doigt, elle verra un oiseau bleu. C'est une suggestion évidemment, mais remarquez un peu la façon dont elle s'exécute. Je détourne sa tête et la cache par un écran, et, cela fait, je touche légèrement le petit doigt de la main gauche, la main anesthésique, ne l'oublions pas, et Berthe s'écrie : « Oh ! le bel oiseau bleu ! » Sans la prévenir, j'ai touché maintenant son pouce, et elle s'est écriée : « Ce n'est plus un oiseau, c'est un papillon. » Elle ne se trompe jamais; il faut donc que la sensation du contact au petit doigt ou au pouce existe d'une façon quelconque, pour amener aussi régulièrement l'image à laquelle elle est liée. Voulez-vous répéter cette expérience d'une autre manière : Voici Isabelle qui est

[1] Cf. Pitres, *op. cit.*, t. I, p. 73.

aveugle de l'œil gauche. Je lui fais une suggestion du même
genre : « Quand je te montrerai une couleur bleue, tu enten-
dras sonner des cloches. » Fermons-lui bien l'œil droit et montrons à son œil gauche, aveugle, des laines de couleur. Aux
premières laines elle ne dit rien, sinon qu'elle est dans l'obscurité complète. La voici qui s'écrie : « Ah! j'entends des cloches! »
Regardez, c'est que je lui ai mis une laine bleue devant l'œil
aveugle. Cette expérience pourrait être répétée de cent manières
sur ces malades et sur d'autres, elle aurait toujours le même
résultat.

Enfin, messieurs, des sensations ont une autre conséquence encore, qui peut être bien plus importante, elles laissent des souvenirs. J'ai démontré autrefois que les impressions
faites sur des organes anesthésiques laissent des souvenirs
que l'on peut plus ou moins facilement faire réapparaître [1].
Ces anciennes expériences n'étaient pas toujours simples à
reproduire rapidement, en voici une qui peut se faire assez
vite. Je cache la tête de Berthe par un écran, et je lui mets un
petit objet dans la main gauche; elle le tâte, mais ne peut
savoir ce que c'est, elle déclare ne rien sentir. Je fais passer
sous son nez un flacon d'odeurs, elle aspire et ne sent pas, vous
savez qu'elle est absolument anosmique. Cela fait, je la fais
entrer en somnambulisme. C'est chez elle un somnambulisme
tout particulier qui se produit, cela ne vous surprend pas, car
mon ami, M. Guinon, vous a dit ici dernièrement qu'il y avait
une quantité d'états somnambuliques différents. Vous me per-
mettrez, aujourd'hui, de me servir de ce somnambulisme sans
vous expliquer sa nature. Maintenant qu'elle est bien endormie,
je lui demande ce qu'elle avait dans la main gauche tout à
l'heure, et ce qu'elle a senti sous son nez. Elle répond sans
hésiter : « Vous m'avez mis dans la main gauche un petit bouquet de fleurs, et vous m'avez fait sentir un flacon d'eau de
fleurs d'oranger. » Le souvenir est parfait, j'ai donc le droit de
supposer que la sensation avait existé.

Je m'aperçois, messieurs, que je vous ai montré des exemples
de sensations subconscientes empruntées à divers sens, et que
j'ai laissé de côté un sens extrêmement important, le sens musculaire. C'est peut-être parce que les deux jeunes filles que je
vous ai présentées n'ont pas d'anesthésie musculaire assez pro-

[1] *Autom. psych.*, p. 295.

fonde pour que les expériences soient intéressantes. Nous
n'avons qu'à faire venir une autre malade qui présente une
anesthésie musculaire plus indiscutable. Voici Marguerite, une
jeune fille de vingt-trois ans dont je ne vous raconterai pas
l'histoire un peu compliquée. Je ne vous la présente que pour
un symptôme, elle est absolument anesthésique du côté droit,
et quand je remue son bras droit sans qu'elle le voie, elle ne
sait plus même son existence.[Quand elle ne le regarde pas, elle
ne peut absolument plus remuer le bras droit ; c'est là, à mon
avis, une sorte de paralysie hystérique, qui n'est pas apparente
à l'état normal, grâce à une suppléance psychologique, celle
des mouvements au moyen des images visuelles. Je n'insiste
pas sur ces faits si intéressants, je me contente de vous faire
remarquer qu'ils démontrent l'anesthésie musculaire absolue
de son bras droit.

Eh bien! je prétends vous montrer qu'en réalité les sensations musculaires se produisent et qu'elles laissent même des
souvenirs capables de réapparaître. Pour vous le montrer avec
précision, nous pourrons nous servir d'un petit appareil aussi
simple qu'ingénieux. M. Jean Charcot, qui était interne l'année
dernière dans le service de son père, a construit ce petit instrument pour étudier certains cas d'agraphie. C'est surtout,
comme vous voyez, une longue tige suspendue à la cardan et
mobile dans tous les sens. Le sujet tient la tige par son milieu
comme il tiendrait un porte-plume, et après lui avoir détourné
la tête, je prends cette même tige par la partie inférieure et je
suis avec la pointe un mot tracé sur le papier. La main du
sujet, si elle était sensible, aurait senti tous les mouvements
nécessaires pour écrire ce mot; l'appareil m'a permis de lui
faire éprouver avec précision toutes ces petites sensations délicates, et d'en conserver pour ainsi dire le graphique dans le
mot que j'ai écrit. Mais Marguerite nous déclare qu'elle n'a rien
senti du tout. Nous savons ce que cela veut dire, elle n'a eu la
perception personnelle de rien; n'a-t-elle eu aucune sensation
élémentaire? Pour le vérifier je mets un crayon dans la main
droite complètement insensible et je détourne la tête du sujet.
Vous voyez d'abord les doigts, entourer le crayon et se placer
dans la position voulue pour écrire. C'est le même phénomène
que nous avions déjà remarqué quand Berthe tenait les ciseaux.
Mais voici la main droite qui se met à écrire. Comment ce
mouvement délicat peut-il se faire, tandis que tout à l'heure le

sujet ne pouvait pas remuer sans regarder? Permettez-moi, messieurs, de ne pas vous expliquer ce phénomène aujourd'hui, il est trop complexe : constatons seulement les résultats. La main a écrit le nom de *Jean*, le nom de l'inventeur de l'appareil. Constatez, messieurs, que j'avais écrit moi-même ce même mot et avec les mêmes formes de lettres. N'est-ce pas une bonne preuve de la persistance du souvenir, et ce souvenir lui-même ne montre-t-il pas que les sensations musculaires ont existé d'une manière quelconque, bien que le sujet n'en ait eu aucunement la perception personnelle?

Notre hypothèse prétendait également que la perte de cette perception personnelle était un phénomène analogue à la distraction ; mais alors, me direz-vous, l'attention doit pouvoir modifier les anesthésies hystériques. Parfaitement, messieurs, je suis de votre avis et c'est encore une conséquence à vérifier ; seulement vous n'oubliez pas que l'attention est très difficile à fixer chez l'hystérique et que cette expérience peut ne pas toujours réussir. Sur la main gauche anesthésique de Berthe, je colle un pain à cacheter rouge : la voici étonnée, et en contemplation devant sa main. Laissons-la un instant, puis maintenant quand elle a la tête tournée, pinçons légèrement cette main tout à l'heure si insensible. Voici Berthe qui crie que je la pince et qui sent parfaitement. Il est vrai que cette belle sensibilité ne durera pas longtemps : j'enlève le pain à cacheter et un instant après elle ne sent déjà plus rien.

Si l'attention fait disparaître pour un instant des anesthésies déjà existantes, la distraction devra produire momentanément des insensibilités nouvelles, analogues aux anesthésies hystériques. Cela est encore exact. Je prends Berthe à part et je lui cause d'un sujet qui l'émeut beaucoup en ce moment, du bal de la mi-carême et du beau costume qu'on lui mettra. Pendant ce temps, vous le voyez, je pince et je pique son bras droit, qui était tout à l'heure sensible, et elle ne s'en aperçoit aucunement. Son champ de conscience si petit a perdu momentanément les sensations tactiles du côté droit qu'il contient d'ordinaire, quand il n'est pas rempli par d'autres images. Est-ce que les principales conséquences que l'on pouvait déduire de nos hypothèses ne viennent pas de se vérifier devant vous?

Avant de conclure, messieurs, une seule réflexion générale. Peut-on répéter facilement sur une hystérique quelconque

toutes les expériences que je viens de faire devant vous ? En
un mot, quel degré de généralité faut-il accorder aux hypothèses précédentes sur l'anesthésie hystérique ? Je vous dirai
très sincèrement que j'ai observé à ce propos trois catégories
de malades différentes : 1° le groupe qui m'a le plus intéressé
formé par des malades comme ces deux jeunes filles, sur lesquelles on peut répéter toutes ces expériences et bien d'autres
encore. J'en ai étudié et décrit autrefois, en 1887 et 1889,
cinq de ce genre que j'avais étudiées au Havre, j'en ai trouvé
quatre autres absolument semblables depuis que je suis à
Paris; mon frère le Dr Jules Janet a répété ces expériences sur
deux malades dont il m'a donné l'observation. M. A. Binet[1] les
a reproduites également sur plusieurs sujets avec des variantes
intéressantes. M. J. Onanoff[2] a étudié indépendamment ces
phénomènes avec plus de précision encore, puisqu'il a fait
inscrire sur le cylindre enregistreur ces mouvements subconscients des hystériques provoqués par l'attouchement de
leurs membres anesthésiques. Enfin, plusieurs auteurs étran-
gers, MM. Gurney et Myers en Angleterre, M. Max Dessoir à
Berlin, ont publié des observations tout à fait analogues.
Je crois qu'il ne serait pas difficile de réunir aujourd'hui
une trentaine d'observations d'anesthésie hystérique se com-

[1] M. A. Binet, dans son travail sur les altérations de la conscience chez
les hystériques (Revue philosophique, 1889, t. I, p. 35), a montré un procédé
intéressant pour mettre en évidence les sensations subconscientes des
membres anesthésiques. Les associations anciennes et naturelles entre
ces sensations en apparence disparues et les autres pensées du sujet
subsistent toutes, dans certains cas, malgré l'anesthésie; il est possible,
par exemple, de provoquer dans l'esprit du sujet telle ou telle pensée,
rien que par les mouvements imprimés au membre insensible.

[2] M. J. Onanoff, dans son étude sur la perception inconsciente (Archives
de Neurologie, 1890, p. 364), a cherché à déterminer le temps de réaction,
c'est-à-dire « le temps qui s'écoule entre le moment d'une excitation
perçue inconsciemment et un acte inconscient qui peut être considéré
comme une réponse, dans les conditions de l'expérience à l'excitation
produite ». Il a trouvé que ce temps était plus court qu'il ne serait
normalement, quand l'excitation est faite sur une partie sensible. Il y
aurait ainsi un moyen de reconnaître objectivement une réaction subconsciente d'une réaction consciente. Nous craignons seulement que le
temps de réaction des phénomènes subconscients ne soit fort variable
suivant mille conditions, mais nous sommes heureux de constater cette
nouvelle preuve de l'existence des sensations subconscientes dans les
anesthésies hystériques. Les mêmes études sont encore résumées dans le
dernier livre de MM. P. Blocq et J. Onanoff. Séméiologie et diagnostic
des maladies nerveuses, 1892, p. 199.

portant absolument de cette façon. Ce sont pour moi les cas typiques de l'anesthésie hystérique, comme je la comprends.

Dans un deuxième groupe, je rangerai les malades fort nombreux qui, par certains caractères, sont analogues aux précédents, mais chez qui toutes ces expériences ne peuvent pas être répétées avec le même résultat. Par exemple, on met facilement en relief chez eux la persistance de la sensation visuelle dans l'œil amaurotique quand les deux yeux sont ouverts, on ne réussit pas aussi bien à le manifester quand l'œil sain est fermé. Ce sont pour moi des malades frustes ou mieux complexes qui pourront sans trop de difficulté se rattacher au type précédent.

Mais il y a une troisième catégorie de malades dont je ne mets pas en doute l'existence et chez qui on n'arrive jamais à manifester aucune trace de la sensation subconsciente. Eh bien, messieurs, je vous laisse libres d'adopter à propos de ces malades la supposition que vous voudrez. Vous pouvez dire qu'ils sont absolument différents des précédents et que chez eux l'anesthésie n'est plus un trouble de la perception personnelle, mais une suppression de toute sensation. Mais réfléchissez bien aux conséquences de votre supposition : Vous allez créer une catégorie d'hystériques tout à fait différentes des précédentes, vous allez leur imaginer une anesthésie analogue à l'anesthésie organique et alors je vous demanderai de m'expliquer, la répartition intelligente de cette anesthésie, l'indifférence complète avec laquelle le sujet la supporte, la conservation des réflexes, etc. Je vous demanderai de quel droit vous séparez ces malades des autres et vous créez deux maladies dans l'hystérie. Vous pouvez aussi supposer que ces malades nouvelles sont comme les précédentes et que pour une raison quelconque vous ne réussissiez pas à manifester l'existence de la sensation subconsciente. Il y a là mille conditions, le degré de suggestibilité, l'électivité, le groupement plus ou moins grand des phénomènes subconscients qui peuvent faire varier les expériences. Vous êtes libres de choisir, mais je ne vous dissimule pas ma préférence pour la dernière supposition.

Les hypothèses psychologiques que je vous ai présentées me paraissent en effet avoir de sérieux avantages. Elles expliquent les anesthésies systématisées, la répartition des anesthésies localisées, l'indifférence des malades, puisque la maladie ne trouble que la perception consciente et laisse intacts tous les phénomènes automatiques de la vie courante. Elles expliquent les bizarreries que l'on avait constatées depuis longtemps dans l'étude des amauroses et des anesthésies, elles nous permettent d'éliminer cette supposition absurde de la simulation hystérique à laquelle on avait incessamment recours pour expliquer ce que l'on ne comprenait pas.

Nous pouvons donc conclure : l'anesthésie hystérique n'est pas pour nous une maladie organique, c'est une maladie mentale, une maladie psychologique. Elle existe non dans les membres, ni dans la moelle, mais dans l'esprit représenté, si vous voulez, par les régions corticales du cerveau. Dans l'esprit lui-même, elle porte sur un phénomène tout particulier ; ce n'est aucunement une altération des sensations élémentaires qui restent ce qu'elles doivent être et qui conservent toutes leurs propriétés. Elle porte sur une opération très spéciale, sur la perception personnelle qui nous permet à chaque moment de la vie de rattacher entre elles et de rattacher à la notion de la personnalité les sensations nouvelles. Elle est due à une faiblesse de cette synthèse des éléments psychologiques que j'ai appelée autrefois la désagrégation psychologique. L'anesthésie hystérique est une maladie de la personnalité.

# L'AMNÉSIE HYSTÉRIQUE

2ᵉ CONFÉRENCE FAITE A LA SALPÊTRIÈRE LE VENDREDI 17 MARS 1892

## Par M. PIERRE JANET

MESSIEURS,

Je commence aujourd'hui en vous demandant toute votre indulgence et quelque patience, non pas que je doute le moins du monde de votre bienveillant accueil, mais parce que je trouve le sujet de notre étude assez difficile et pour vous et pour moi. Les souvenirs ne sont pas un phénomène aussi simple que les sensations; leur théorie beaucoup plus complexe est loin d'être aussi avancée. Les expériences, si tant est que l'on en puisse faire de décisives, sont beaucoup plus difficiles à reproduire sur une estrade; elles demandent toujours, quand elles sont possibles, une observation morale attentive longtemps prolongée dans le calme et l'isolement. Vous me direz alors : « Si ce sujet des amnésies hystériques est si difficile à comprendre et à exposer, pourquoi en parlez-vous? Pourquoi ne pas étudier d'autres problèmes plus simples que nous présente l'état mental des hystériques? » Je vous répondrai que c'est pour moi une sorte de question de principes; je crois de mon devoir de vous dire ce qui me semble vrai, même si je me trompe, même si je dois m'exposer à toutes sortes d'inconvénients. Eh bien, je suis convaincu, à tort ou à raison, que l'amnésie est très importante dans l'hystérie, que c'est même un des symptômes cardinaux de cette affection. Il ne me semble pas qu'il soit possible de rien comprendre aux divers symptômes que vous pouvez avoir à observer, aux para-

lysies de toutes sortes, à l'astasie-abasie, au mutisme, aux
crises, aux délires et surtout aux somnambulismes, si vous
n'avez pas d'abord étudié autant que possible le fait prin-
cipal qui intervient plus ou moins dans tous les autres, le
trouble de la mémoire. Je vous dois donc de vous indiquer
dans quel sens à mon avis cette étude doit être dirigée, de
vous exposer ce qui est à peu près connu, et les suppositions
qui me paraissent vraisemblables.

D'ailleurs, pour faciliter ce travail et ne pas nous égarer,
nous décrirons exclusivement les cas d'amnésie typiques,
comme dit M. Charcot, en laissant volontairement de côté les
amnésies légères ou incomplètes et surtout les cas complexes
et confus auxquels je vous déclare d'avance ne rien comprendre. Ensuite, nous aurons un guide dans cette étude ;
pour passer du connu à l'inconnu, nous rapprocherons toujours autant que possible l'amnésie hystérique de l'anesthésie que nous avons déjà comprise ; nous verrons d'abord
qu'il y a des ressemblances incontestables et nous signale-
rons pour finir l'influence que ces deux phénomènes exer-
cent l'un sur l'autre.

I. — Pour décrire les *amnésies hystériques* il faut, à mon
avis, mettre en première ligne un caractère qui vous sur-
prendra peut-être un peu : elles sont *très fréquentes,* presque
aussi fréquentes que les anesthésies. M. Charcot l'a remarqué
depuis longtemps ; dans les Leçons du Mardi, en 1887, il disait,
à propos d'un malade du service : « Ce malade a été presque
toujours repoussé des hôpitaux comme simulateur ; il est vrai
qu'il se contredit souvent dans ses récits et qu'il ment peut-
être quelquefois. Mais il faut tenir compte d'un état mental
encore insuffisamment étudié, fréquent surtout dans l'hystérie virile et où l'amnésie temporaire tient une grande place.
Il y a du vrai et du faux dans ce qu'il raconte, mais c'est au
médecin, ainsi que je vous le disais l'autre jour, à savoir
démêler ce qui est véridique et à ne pas condamner du premier
coup sans examen plus approfondi[1]. » Ce que M. Charcot
avait constaté à cette époque, nous pouvons le constater encore
tous les jours. Vous savez par exemple qu'il est parfois difficile de prendre l'observation d'une hystérique parce que ses
récits sont sans cesse incomplets et contradictoires. Mon ami,

[1] Charcot. — *Leçons du Mardi à la Salpêtrière,* 1887, p. 297.

M. Souques, interne du service, me racontait avoir souvent éprouvé à ce sujet de singulières mésaventures. Il prenait un jour par écrit l'histoire d'une hystérique, les maladies qu'elle avait déjà eues, les hôpitaux où elle avait été soignée, etc. ; mais le lendemain quand il s'apprêtait à lire l'observation à M. Charcot, la malade amenée devant le médecin racontait tout le contraire. J'ai trouvé d'ailleurs exactement les mêmes remarques dans l'ouvrage de M. Gilles de la Tourette[1].

Mille détails que l'on peut relever, quand on observe leur manière d'être dans le service, nous amènent à la même conclusion. Bien des malades en entrant ici pleurent et gémissent, à la pensée de quitter leurs parents, de vivre seules à l'hôpital ; le lendemain, tout est passé, elles ont oublié leur regret et elles croient, disent-elles, être dans la maison depuis des mois. Plusieurs d'entre elles, à cause de leurs oublis et de leurs distractions continuelles sont tout à fait incapables de faire un travail, de rendre quelques services. Les envoie-t-on faire une commission, elles reviennent au bout de quelques heures, sans avoir rien fait, ayant tout à fait oublié le but de leur sortie. L'unes d'elle se fâche un jour contre moi et me fait des reproches imaginaires plus ou moins polis ; le lendemain, je me crois obligé de lui témoigner quelque froideur. Elle en est très surprise et vient tout inquiète me demander ce que j'ai contre elle ; elle avait absolument oublié la scène de la veille. D'ailleurs, en un mot, interrogez-les vous-mêmes sur leur vie à l'hôpital, sur ce qu'elles ont fait la veille, le matin, sur ce qu'elles ont proposé de faire l'après-midi, vous en rencontrerez certainement plusieurs qui ne pourront pas vous répondre. Elles vivent au jour le jour, à peine capables comme nous l'avons vu de bien comprendre ce qui se passe dans le moment présent et le plus souvent impuissantes quand il s'agit de disposer des souvenirs du passé et des images de l'avenir.

Ces amnésies, aussi fréquentes, ne se présentent pas toujours sous le même aspect, elles sont au contraire très variables dans tous leurs caractères. Nous croyons pouvoir, pour la commodité de l'étude, les ranger en trois classes principales analogues à celles que nous avons adoptées pour les anesthésies : les amnésies peuvent être *systématisées*, *localisées*, *générales* ou *continues*.

[1] Gilles de la Tourette. — *Traité de l'hystérie*, 1891, p. 552.

Les premières sont peut-être les plus communes : les malades perdent une certaine catégorie de souvenirs, un certain groupe d'idées du même genre formant ensemble un système. Ainsi, elles oublient ce qui a rapport à leur famille, ou les idées relatives à telle personne, ou les connaissances nécessaires pour un certain métier, elles ne savent plus broder ou coudre, elles perdent le langage ou tout simplement telle langue particulière qu'elles savaient bien. Les exemples sont très variés, chacun pourrait en citer un différent, je n'y insisterai pas. Mais j'ai eu l'occasion d'observer dans le service un cas de ce genre si curieux qu'il pourra je crois résumer cette description. Une jeune fille nommée Célestine, très gravement atteinte d'hystérie, était entrée à l'hôpital vers le mois de novembre dernier. J'étais déjà dans le service depuis quelque temps et, comme cette malade m'intéressait, je me suis occupé d'elle dès son entrée et à peu près tous les jours : aussi devint-elle bientôt très familière avec moi. Mais tout dernièrement, c'est-à-dire trois mois après son arrivée, quand je lui dis bonjour en passant, elle me regarde avec un air étonné, ne me répond pas, et s'en va parler tout bas à la surveillante de la salle. Comme il était naturel, j'ai demandé en sortant à M<sup>lle</sup> la surveillante ce qu'avait aujourd'hui Célestine et ce qu'elle disait ainsi en me désignant. « Ce n'est rien, me répondit-elle, Célestine n'est pas malade, mais elle semble devenir stupide, la voici qui demande qui vous êtes et elle s'étonne qu'un élève nouvellement arrivé dans le service l'appelle par son petit nom et la connaisse. » Je crus à une mauvaise humeur ou à une plaisanterie, mais après avoir examiné la malade, il fallut se rendre à l'évidence : Célestine avait eu la veille une crise assez forte qui avait bouleversé, comme cela arrive souvent, son état mental, et elle m'avait complètement oublié. Sa mémoire pour tous les événements survenus pendant son séjour à l'hôpital était évidemment très faible; mais elle se rappelait assez bien les autres personnes et me semblait avoir surtout perdu tout souvenir des faits auxquels j'avais été mêlé. Peut-être cet état bizarre de la mémoire aurait-il duré quelque temps, mais je fus curieux de provoquer le sommeil hypnotique pour voir s'il avait changé aussi. Dans le somnambulisme tous les souvenirs étaient comme à l'ordinaire; au réveil tout était rétabli et cette singulière amnésie systématisée, survenue après une attaque, avait disparu. Permettez-moi de vous rappeler aussi à ce propos cette intéressante malade que M. Charcot nous montrait dernièrement. G... à la suite d'une violente émotion a présenté des somnambulismes spontanés la nuit, puis de grandes attaques d'hystérie. Ce qui nous intéresse aujourd'hui, c'est un oubli très systématique qu'il est facile de constater. Elle a passé trois ans en Angleterre et elle parlait et comprenait la langue anglaise d'une façon très suffisante. Mais dans ces derniers mois, depuis que sa maladie s'est aggravée elle a complètement oublié et son séjour en Angleterre, et les rues de Londres, et la langue anglaise dont elle ne peut plus comprendre ni prononcer un mot.

Parmi les amnésies systématisées les plus curieuses de beaucoup portent sur les souvenirs des images motrices et provoquent de véritables altérations des mouvements ou même des paralysies. Je ne veux pas dire que toutes les paralysies d'origine psychique soient des amnésies, je crois, au contraire, que certaines d'entre elles se rapprochent des idées fixes : un certain nombre seulement dépendent de troubles de la mémoire. L'astasie abasie, telle que l'a décrite M. Blocq, est « une perte des synergies musculaires qui assurent l'équilibre dans la station verticale et dans la marche[1] ». Le malade ne sait plus se servir de ses jambes, il ne sait plus marcher. Nous ne pouvons entrer dans le détail de ces altérations du mouvement, nous rappelons seulement que certaines paralysies des mouvements des bras ou même des mouvements de l'œil paraissent être dus à des troubles psychologiques analogues à l'amnésie systématisée.

Les *amnésies localisées* sont encore plus connues que les précédentes, elles frappent davantage l'observateur. Les événements dont le souvenir est perdu sont réunis par un caractère commun : ils appartiennent tous à une même époque, à une même période de la vie de la malade. Le plus souvent les choses se passent ainsi : à la suite d'un accident ou d'une émotion, l'hystérique, qui semblait jusque-là se porter assez bien, a une violente attaque. Quand la crise est finie, la malade semble reprendre sa vie ordinaire ; mais les personnes de son entourage remarquent quelques bizarreries dans sa conduite et dans ses paroles. En l'interrogeant, elles constatent

---

[1] Paul Blocq. — *Sur une affection caractérisée par de l'astasie et de l'abasie.* (*Archives de Neurologie*, 1888.)

qu'elle ne se souvient pas de l'émotion qu'elle vient d'avoir, et
qu'elle a même oublié tous les faits précédents de son existence jusqu'à une date plus ou moins reculée. Ainsi, j'ai vu
amener à l'hôpital du Havre une femme qui avait eu un
accident de ce genre. A la suite d'une attaque survenue
au mois de novembre, quelques jours avant son entrée à
l'hôpital, elle était restée paraplégique et avait oublié tous
les faits survenus dans les trois mois précédents ; elle racontait en détail sa vie au début du mois d'août, mais ne pouvait rien dire sur ce qui était arrivé en septembre ou en
octobre. (Je vous rappelle pour nous en servir tout à l'heure
que cette femme était à ce moment anesthésique totale et
avait une achromatopsie complète des deux yeux[1].) Ce sont
des cas de ce genre qui ont été désignés sous le nom d'*amnésie
localisée et rétrograde.*

Très souvent ces amnésies localisées peuvent être beaucoup
moins importantes, beaucoup plus courtes surtout. Elles portent par exemple sur certaines actions qui ont semblé évidemment être accomplies d'une manière anormale. Certains
rêves de la nuit pendant lesquels la malade s'est agitée et a parlé
beaucoup, certains délires qui accompagnent la crise, certains
états anormaux qui suivent quelquefois l'attaque semblent ne
laisser aucune trace dans la mémoire. Ces faits sont bien
connus, je préfère insister sur d'autres amnésies qui portent
sur des périodes en apparence normales. Permettez-moi de
vous citer à ce propos quelques lignes d'un livre déjà ancien,
mais très curieux, celui du D$^r$ Despine (d'Aix). Il contient, à
mon avis, l'une des premières et l'une des plus remarquables
descriptions de l'état mental d'une hystérique : « Quelquefois,
dit-il en parlant de sa malade, il y avait un état moral tout
particulier observé par la mère d'Estelle et dont elle n'avait
pu se rendre compte encore. Il lui arrivait souvent de faire ou
d'entendre une lecture qui semblait l'avoir vivement inté-
ressée et peu d'instants après, l'enfant ne paraissait pas en
conserver le moindre souvenir ! On la portait à la promenade
(elle était paraplégique), elle voyait tout ce qui se passait
autour d'elle, y prenait intérêt, en causait, etc., et au retour,
souvent elle semblait avoir tout oublié, ou bien s'il en restait
quelques traces, elles n'étaient que fugitives et comme un rêve

[1] Voir dans l'*Automatisme psychologique*, 1889, p. 93, l'observation de
la malade décrite sous le nom de Rose.

qui s'enfuyait [1]. » Que de fois nous avons vérifié cette observation de Despine, combien de malades qui paraissaient atta-
chées à une lecture ou à un travail et qui sont incapables, si
on les interroge quelques moments après, de nous dire ce
qu'elles viennent de faire ! Ce caractère me paraît très important, il faut conserver la pensée que, d'une façon générale et
naturelle, l'hystérique est très prédisposée aux amnésies localisées, cela nous expliquera bien des phénomènes que nous
produisons artificiellement et qui ne sont qu'une application
particulière de cette prédisposition générale.

Enfin l'*amnésie* peut être *générale :* je crois qu'il est bien
rare de rencontrer une amnésie complète portant sur tous les
souvenirs. Certains cas cependant, celui de Mac Nish, celui de
Weir Mitchell (Mary Reynolds) semblent être à peu près de ce
genre. Mais il est plus fréquent, quoique encore exceptionnel,
de voir certaines amnésies qui méritent à mon avis le nom de
*continues.* A partir d'une certaine date la malade perd la
faculté d'acquérir aucun souvenir ; elle conserve la mémoire
des événements anciens antérieurs à une certaine époque,
mais elle ne garde plus que quelques instants la mémoire des
événements présents.

J'avais remarqué déjà des troubles de ce genre plus ou
moins complets chez quelques malades, en particulier chez
une malade du service de M. Falret [2], mais je n'avais jamais
eu l'occasion de voir cette maladie de l'esprit sous sa forme
typique. Vous savez qu'il y a ici dans le service de M. Charcot
un cas d'amnésie probablement unique dans son genre.

L'histoire de Mme D... nous a été racontée ici même par
M. Charcot [3] il y a peu de temps, elle va être reprise et ana-
lysée complètement dans un mémoire de M. Souques. Je ne
dois donc vous la rappeler qu'en très peu de mots : à la suite
d'une émotion survenue vers la fin du mois d'août dernier,
Mme D... a eu une violente attaque que M. Charcot considère
et à juste titre comme une attaque d'hystérie. Elle sortit de
son attaque dans un état mental tout particulier : 1° elle

[1] Despine (d'Aix). — *De l'emploi du magnétisme animal dans le trai-
tement des maladies nerveuses*, 1840, p. 12.
[2] *Etude sur un cas d'aboulie et d'idées fixes.* (*Revue philosophique*
1891, t. I, p. 258-384.)
[3] Charcot. — *Sur un cas d'amnésie rétro-antérograde, probablement
d'origine hystérique.* (*Revue de médecine*, 10 février 1892, p. 81.)

avait oublié tout ce qui venait de se passer pendant les deux mois précédents, et 2° elle était devenue incapable d'acquérir aucun souvenir nouveau, les événements les plus frappants, la morsure par un chien enragé, le voyage de Cognac à Paris, les vaccinations à l'Institut Pasteur n'ont pu se graver assez dans son esprit pour y laisser un souvenir ; amnésie rétrograde et antérograde, comme dit justement M. Charcot. Encore aujourd'hui elle vous demande avec anxiété où elle est : Vous lui répondez qu'elle est à Paris, à la Salpêtrière, et après une minute ou deux, au plus, elle déclare qu'elle ne sait où elle est et qu'elle se croit encore à Cognac. Ce cas d'amnésie est extraordinaire et vous ne serez pas étonné si j'insiste un peu tout à l'heure sur les caractères qu'il présente. Ce sera un bon moyen d'analyser l'amnésie hystérique sous la forme la plus parfaite.

Sans doute l'*amnésie continue* est rarement aussi complète[1], mais, quand on a appris à la reconnaître d'après ces cas typiques, on ne tarde pas à constater qu'elle existe en réalité très fréquemment d'une manière plus ou moins atténuée. Elle vient presque constamment se surajouter aux autres formes d'oublis et contribue beaucoup à donner aux hystériques leur physionomie particulière. L'indifférence apparente de ces malades, leur variabilité, leurs caprices et même, comme je compte vous le montrer, leur étonnante suggestibilité, dépendent de tous ces troubles de leur mémoire. Je ne puis vous en décrire les innombrables variétés, je dois me contenter de vous avoir signalé les principales.

II. — Pour résumer rapidement l'état d'une de ces malades que je viens de vous décrire, nous disons qu'elle a perdu la mémoire de tel ou tel événement. C'est une expression juste, mais très vague : le mot « *mémoire* » en effet résume un ensemble de phénomènes et même de fonctions psychologiques très différentes les unes des autres. Une altération de la mémoire considérée dans son ensemble peut être due à une lésion particulière de telle ou telle des opérations composantes. Il n'est

[1] Une observation très curieuse de MM. J. Séglas et P. Sollier nous montre une variété d'amnésie continue très analogue au cas de M^me D..., mais non absolument identique ; nous ne pouvons insister sur ces détails (folie puerpérale, amnésie, astasie et abasie). (*Archives de Neurologie*, n° 60.)

pas sans importance de savoir avec précision quel est le phénomène altéré ; cela transforme à mon avis complètement le diagnostic médical. Suivant que nous attribuons le trouble de la mémoire à l'une ou à l'autre des opérations élémentaires, nous aurons affaire à des démences ou à des cas d'hystérie. Il y a donc intérêt, quand cela est possible, à pouvoir préciser.

Pour y parvenir permettez-moi, messieurs, de vous résumer brièvement les principales opérations qui, aux yeux des psychologues, semblent constituer un souvenir complet. A propos de chacune d'elles, nous nous demanderons, si elle est supprimée ou lésée gravement dans les cas d'amnésie que nous avons décrits. Nous arriverons ainsi par une sorte d'élimination à reconnaître la lésion fondamentale qui caractérise ces amnésies et les distingue de tous les autres.

Il y a d'abord dans la mémoire telle que les philosophes la décrivent des opérations intellectuelles assez compliquées qui nous permettent de reconnaître les souvenirs, de les distinguer soit des imaginations, soit des sensations présentes et de les localiser à tel ou tel point du passé. Ces opérations délicates doivent être très souvent altérées dans toutes les maladies de l'esprit et dans l'hystérie comme dans les autres. Mais leur trouble donne lieu à des illusions, à des délires plutôt qu'à de véritables amnésies et nous n'avons pas à insister sur leur étude.

Il nous faut considérer dans la mémoire des opérations plus élémentaires : la première de toutes est appelée depuis bien longtemps *la conservation des souvenirs*. Ce mot n'est que la description d'un fait et non son explication : les phénomènes psychologiques qui se sont produits une fois, ne disparaissent pas complètement, ils laissent des traces, comme on disait autrefois, c'est-à-dire qu'ils laissent dans le cerveau une certaine modification fort inconnue qui leur permet de se reproduire. En un mot, un phénomène psychologique est conservé quand il peut de temps en temps être reproduit; il n'est plus conservé, quand sa reproduction est devenue définitivement impossible. Il peut y avoir, il y a même certainement, des amnésies dues à une lésion de ce genre. Supposons une destruction définitive et matérielle des cellules cérébrales qui ont emmagasiné les modifications inconnues laissées par les sensations et les souvenirs de ces sensations seront matériellement détruits d'une façon irréparable. En est-il ainsi pour les amnésies hystériques. Non, certainement, sur ce point je n'ai pas d'hésitation. Une amnésie de nature hystérique, si profonde, si longue qu'elle semble être, n'est pas due à la destruction même des traces laissées par les sensations. En d'autres termes, dans toute amnésie hystérique, la conservation des souvenirs subsiste encore.

Je le prouve en montrant qu'il est toujours possible, plus ou moins facilement, de reproduire au moins momentanément ces souvenirs en apparence disparus. Voici d'abord un exemple très simple : Cette jeune fille, Berthe, est hypnotisable ; je n'ai pas la prétention d'expliquer en un mot ce que c'est que l'hypnotisme. C'est là encore probablement un même nom appliqué confusément à des choses fort différentes les unes des autres. Je vous rappelle seulement un fait bien connu de tous : l'hypnose est un état qui ne laisse pas de souvenirs après le réveil du malade. Cet oubli est plus ou moins net, plus ou moins rapidement obtenu après les premières hypnotisations, mais il est à mes yeux la caractéristique de l'état somnambulique plus ou moins grave. Chez la jeune fille que je vous montre, chez Berthe, il a existé, je vous l'affirme, dès la première fois que je l'ai endormie. Ce fait n'a rien d'étonnant, c'est une jeune fille prédisposée à ce phénomène, ayant naturellement et à chaque instant des amnésies localisées analogues à celles qui ont été décrites par Despine. Elle avait depuis de longues années avant de venir à l'hôpital des somnambulismes naturels, la nuit d'abord et, cela ne nous surprend pas, même le jour. Quand on la secouait pour la réveiller de ses hypnoses spontanées, elle restait tout ahurie, ayant totalement oublié ce dont on l'avait chargée l'instant précédent. L'hypnose consiste simplement à reproduire artificiellement chez elle un de ces nombreux états suivis d'amnésie dans lesquels elle entrait d'elle-même à chaque instant. Eh bien, cet oubli n'est qu'une apparence, une illusion ; il suffit de la rendormir, de la remettre par suggestion, ou mieux par une habitude automatique dans un état moral analogue à celui dont elle vient de sortir pour qu'elle retrouve tous les souvenirs. C'est là une loi de somnambulisme qui est bien connue, mais qui ne se vérifie pas en cinq minutes sur une estrade ; vous aurez en examinant des malades bien des occasions de vous faire sur ce point une conviction personnelle.

Voici un autre cas plus complexe, Marguerite a de grandes

attaques d'hystérie depuis deux ans et, à la suite de ces attaques, elle entre dans une sorte de somnambulisme assez compliqué que je ne vous décrirai point. Je vous rappelle seulement que c'est un état spontané qui fait partie de la crise hystérique et dont elle sort par des convulsions. Elle n'a jamais su au réveil ce qui se passe pendant cette période, il semble qu'il y ait là un oubli complet produit naturellement par l'attaque. Eh bien, il n'en est rien, on peut reproduire artificiellement ce même état qui semblait faire partie intégrante de l'attaque et elle nous répétera minutieusement alors ce que vous lui aurez dit pendant la crise. Ici encore il y a conservation des souvenirs. Il en est encore de même pour les amnésies si curieuses de cette jeune femme G... qui semble avoir totalement oublié la langue anglaise. Quand elle est en état de somnambulisme provoqué, elle parle de Londres, des parcs, des promenades, de l'établissement où elle travaillait et soutient parfaitement une conversation en anglais. L'oubli de la langue anglaise n'existe que pendant la veille et non pendant le somnambulisme [1].

Mais, quand il s'agit de l'amnésie continue et si étrange que présente M^me D..., conservons-nous encore malgré les apparences la même certitude. Certainement et pour la même raison : ces souvenirs peuvent se reproduire à de certains moments, donc ils sont toujours bien conservés. Vous savez comment M. Charcot s'est aperçu pour la première fois de cette conservation : cette personne qui ne se souvenait de rien pendant la veille et qui ne pouvait même pas retenir cinq minutes le nom de la Salpêtrière où elle était, avait des rêves la nuit et disait assez haut en dormant des paroles que ses voisines ont pu entendre [2]. En rêve, elle parlait du chien enragé, de la Salpé-

---

[1] Voir *Automatisme psychologique*, p. 73, 76 et sq., quelques-unes des précautions à prendre pour étudier les faits de mémoire alternante. On n'arrive pas toujours immédiatement, en hypnotisant la malade d'une manière quelconque, à lui faire retrouver tous les souvenirs qu'elle semble avoir perdus; il est quelquefois nécessaire de varier, par une sorte de tâtonnement, le somnambulisme que l'on provoque, pour mettre l'esprit dans un certain état où il retrouve les souvenirs cherchés. Cette recherche peut être quelquefois très difficile; mais nous croyons cependant que, par toutes les ressources de l'hypnotisme et de la suggestion, on peut toujours arriver à produire chez l'hystérique un état artificiel assez analogue aux états naturels qui ont été oubliés pour restaurer le souvenir. Cela suffit pour démontrer ce que nous avons avancé ici, la conservation des souvenirs malgré l'amnésie hystérique.

[2] Charcot. — *Revue de médecine*, 1892, p. 94.

trière, des médecins en tablier blanc, enfin de tout ce qu'elle
paraissait avoir oublié. Il a suffi, d'ailleurs, de l'endormir artificiellement pour lui faire dire en détails tous les événements
de sa vie au mois d'août ou au mois d'octobre. Ce dernier cas
est le plus frappant, il vient confirmer les autres et nous
prouve la conservation des souvenirs dans l'amnésie hystérique.

Les psychologues nous décrivent alors un autre phénomène
essentiel dans le souvenir, c'est *la reproduction des images*. Par
un mécanisme que nous n'avons pas à étudier et dans lequel
l'association des idées joue le plus grand rôle, les phénomènes
psychologiques primitifs qui se sont conservés à l'état latent
réapparaissent un peu moins forts, moins complets, mais à
peu près avec les mêmes caractères que la première fois. On
les appelle alors des *images* et on comprend que la renaissance
des images au moment opportun soit une condition essentielle
du souvenir complet. Est-ce ici que nous allons trouver l'explication de l'amnésie hystérique? Cela semble au premier
abord très vraisemblable : M$^{me}$ D..., par exemple, semble ne
pouvoir reproduire les images qu'en rêve, pendant le sommeil
et ne pas pouvoir les reproduire quand il le faut suivant les
besoins de la veille. Et bien, sans rien affirmer d'absolu, je
vous dirai que je ne crois même pas à une lésion de ce genre
dans l'amnésie hystérique. A mon avis, les souvenirs peuvent
se reproduire quand il le faut, même pendant la veille et
M$^{me}$ D..., si je ne me trompe, a tout le temps dans l'esprit et
sur les lèvres la réponse à la question qu'on lui pose ou qu'elle
se pose à elle-même. Pourquoi est-ce que je me figure une
chose pareille, quand la pauvre femme se déclare si malheu-
reuse et prétend qu'il lui est absolument impossible de retrouver le moindre souvenir. C'est que nous avons déjà vu bien des
choses semblables chez les hystériques. Nous avons vu qu'elles
semblaient ne pas sentir, ne pas voir et que cependant à ce
moment même elles avaient très bien dans l'esprit les sensations tactiles et visuelles. On peut se demander s'il n'en serait
pas de même pour les images qui diffèrent si peu des sensations.

La conduite même de M$^{me}$ D... dans le service nous montre
qu'elle possède en réalité, ces souvenirs qu'elle semble ne
pouvoir retrouver. Elle semble ne connaître personne et cependant elle va toujours s'asseoir près des mêmes malades et

cause toujours avec les mêmes personnes. Elle ne se souvient aucunement d'avoir été mordue par un chien enragé et cependant elle se sauve en poussant des cris de terreur dès qu'un de ces animaux s'approche d'elle. M$^{me}$ D... me disait elle-même, ce qui est assez curieux, qu'elle n'avait pas autrefois cette peur des chiens, et qu'elle ne sait pourquoi elle les redoute ainsi maintenant : les souvenirs semblent donc se reproduire chez elle à propos, quoique à son insu.

Voici le procédé qui m'a réussi pour mettre en évidence l'existence de ces images du souvenir. Je dis : « le procédé qui m'a réussi », car je ne prétends pas qu'il n'y en ait aucun autre. Si par un dressage, par des suggestions quelconques autrement faites, vous réussissez à mettre en évidence les souvenirs de M$^{me}$ D... et surtout à les lui rendre, j'en serai très heureux. Cela démontrera encore mieux que les souvenirs de cette malade sont présents et qu'il ne lui manque que bien peu de chose pour avoir une mémoire normale. Mais tout ce que je sais, c'est que M. Souques, pendant deux mois et moi-même depuis un mois, nous avons essayé par toutes les suggestions possibles de forcer M$^{me}$ D... à retrouver ces souvenirs et que nous n'avons pas réussi. C'est pourquoi je vous demande la permission de vous montrer le procédé qui ne lui rend pas ses souvenirs, mais qui montre leur existence.

Si on l'interroge directement, si je lui demande, par exemple, de prononcer ou même d'écrire volontairement le nom de l'interne qui la soigne, vous voyez qu'elle semble faire effort, qu'elle ne trouve pas et se déclare incapable d'écrire un nom qu'elle ne sait pas. Procédons autrement, je m'écarte d'elle et je prie une autre personne, mon ami M. Carpentier, de causer avec la malade ; elle répond à ses questions, paraît faire attention à ce qu'il lui dit et ne s'occupe plus de moi. Je lui glisse un crayon dans la main droite et elle le prend sans se retourner ; c'est bizarre, mais cela se passe ainsi chez la plupart des hystériques qui sont, comme nous l'avons vu, des malades très faciles à distraire. En général, un homme normal, dont la main n'est pas insensible, sentirait qu'on lui met un objet entre les doigts et se retournerait. Il faudrait une conversation d'un intérêt bien puissant pour le rendre ainsi indifférent. Chez les hystériques il n'en est pas ainsi, la moindre des choses suffit souvent pour les distraire si complètement, qu'elles ont à ce moment de véritables anesthésies. Profitons de cette disposition, et pendant

que M<sup>me</sup> D... continue à causer avec M. Carpentier, faisons-lui
une suggestion comme si elle était capable de nous entendre.
« Écrivez, lui dis-je, le nom de l'interne de votre salle. » Vous
voyez la main qui tient le crayon se mettre en mouvement et
écrire ce mot : « M. Lamy. » De la même manière je lui demande
ce qu'elle s'est fait à la main gauche et elle écrit sans hésiter :
« Je me suis coupée avec du verre. » En un mot, elle va répondre de cette manière à toutes les questions possibles et dans
son écriture ainsi obtenue va nous montrer la reproduction de
tous les souvenirs qu'elle paraissait avoir complètement perdus. Je n'ai pas l'intention, messieurs, d'étudier complètement
avec vous cette écriture qui, d'ailleurs, ne se présente pas chez
M<sup>me</sup> D... d'une façon bien remarquable. Je n'insiste pas pour
vous montrer qu'en réalité M<sup>me</sup> D... déclare n'avoir pas entendu
mes questions, qu'elle affirme n'avoir rien écrit, qu'elle s'étonne
de ces écritures, quand on les lui montre et n'admet pas
qu'elle les ait écrites. Ce sont là des détails qui ne sont pas
aujourd'hui indispensables. Tout ce que je vous demande de
constater, c'est que cette écriture involontaire et, en apparence
au moins, inconsciente, manifeste des souvenirs que M<sup>me</sup> D...
est incapable de posséder autrement quand elle est éveillée.
Ne vous figurez pas que j'attribue ici à l'écriture une puissance
merveilleuse pour ressusciter les souvenirs de M<sup>me</sup> D... Non, je
vais peut-être réussir à manifester ces souvenirs d'une autre
manière, par la parole même. Mais cette malade n'arrive jamais
à les dire et aucune suggestion n'a réussi à les lui faire exprimer, quand elle est éveillée. Sans doute, mais nous allons
encore recourir à un procédé qui réussit quelquefois. Je m'en
vais encore la distraire, mais en évitant cette fois d'attirer son
attention sur la parole. Je lui donne un livre à lire, ou mieux
je lui donne une multiplication à faire. Pendant qu'elle est bien
absorbée dans son travail, nous remarquons les mêmes phénomènes de distraction, nous pouvons la toucher, lui parler
aux oreilles sans qu'elle se retourne. Je lui demande ainsi :
« Comment s'appellent les deux malades qui sont vos voisines
dans la salle. » Ses lèvres remuent et elle répond tout bas :
M<sup>me</sup> C... et M<sup>me</sup> P... Je puis même lui commander de répondre
plus haut ; si elle est bien distraite par sa lecture ou sa multiplication, elle va le faire tout haut et très correctement. Nouveau
fait dont je ne tire toujours qu'une seule conclusion : la reproduction des souvenirs existe chez elle, elle semble se faire nor-

malement suivant les besoins; et ce n'est pas encore dans ce phénomène de la reproduction que nous trouvons la lésion qui constitue l'amnésie hystérique [1].

Mais où donc chercher cette altération de la mémoire qui doit bien exister quelque part pour produire des résultats aussi manifestes. Les psychologues dans leurs descriptions, n'admettent pas d'autres phénomènes élémentaires de la mémoire, en dehors de la conservation et de la reproduction. Je crois qu'ils ont tort et que la maladie décompose et analyse mieux la mémoire que n'a pu faire la psychologie. Ainsi que nous l'avons vu dernièrement, il ne suffit pas qu'une sensation isolée, simple, soit produite dans l'esprit pour qu'elle soit par cela même appréciée par le sujet. Il faut, pour la conscience complète d'une sensation qui s'exprime par le « je sens », qu'une nouvelle opération s'ajoute à la première. Il faut qu'une sorte de synthèse réunisse les sensations produites et les rattache à la masse des idées antérieures qui constitue la personnalité. Eh bien, il doit en être de même pour les images : il ne suffit pas, pour que nous ayons conscience d'un souvenir, que telle ou telle image soit reproduite par le jeu automatique de l'association des idées, il faut encore que la *perception personnelle* saisisse cette image et la rattache aux autres souvenirs, aux sensations nettes ou confuses, extérieures ou intérieures dont l'ensemble constitue notre personnalité. Cette opération est si simple et si facile chez nous que l'on ne soupçonne même pas son existence. Mais elle peut être altérée et supprimée, tandis que les autres phénomènes du souvenir subsistent intégralement, et son absence suffira pour produire chez les malades un trouble de la mémoire qui sera, *pour eux*, une véritable amnésie. Voyez en effet ce qui se produit chez Mme D..., le type le plus curieux de l'amnésie que je puisse analyser. Le souvenir semble absent chez elle dans plusieurs circonstances, quand on l'interroge,

[1] Il est à peine nécessaire de faire remarquer que ce caractère du souvenir inconscient n'existe pas seulement dans le cas de Mme D... Je l'ai montré sur cette malade, parce qu'il était plus curieux de le constater malgré une amnésie aussi considérable; mais on pourrait aussi bien le mettre en évidence dans les cas d'amnésie localisée et moins grave. En général, il est presque toujours facile de retrouver dans l'écriture automatique des hystériques, obtenue par les procédés précédents, le souvenir des rêves, des délires, des somnambulismes, etc., dont elles semblent n'avoir aucune mémoire.

quand elle s'interroge elle-même. Ces circonstances ont un
caractère commun : le souvenir semble disparaître toutes les
fois que sa personnalité est en jeu, toutes les fois où il faudrait dire : « Je me souviens. » Au contraire, le souvenir
semble présent dans plusieurs autres circonstances, le rêve,
le sommeil hypnotique, l'écriture et la parole, obtenues pendant qu'elle est distraite par quelque autre opération consciente. Ici encore il y a un caractère commun : le souvenir
se présente quand la conscience claire et personnelle est
absente, quand le souvenir est isolé, sans rapport avec la vie
complète de la malade. Reprenons l'étude des deux expériences que je viens de vous montrer ; elles sont, comme vous
vous en êtes aperçus, difficiles à reproduire et elles échouent
souvent. Dès que M<sup>me</sup> D... fait attention à son écriture,
dès qu'elle sent, ou entend sa propre parole, tout s'arrête
et il n'est plus possible de manifester le souvenir. Cela
est bien net, chez elle : l'attention consciente du sujet loin de
faciliter l'écriture, comme il arriverait chez un simulateur, la
supprime absolument. Le souvenir en un mot ne se manifeste qu'à l'insu de la personne ; il disparaît quand la personne doit parler ou écrire en son propre nom, en sachant
elle-même ce qu'elle fait. Je ne cherche pas à expliquer ces
faits délicats, je cherche à les décrire, à les résumer. Et dans
ce sens, n'ai-je pas le droit de dire que la plupart des opérations
élémentaires du souvenir, conservation, puis reproduction des
images existent comme chez l'homme normal ; mais que la
perception personnelle des souvenirs est en grande partie supprimée.

Je crains, en vous exprimant cette façon de concevoir
l'amnésie hystérique, que vous ne tombiez dans un excès
fâcheux. Comment, direz-vous, l'oubli des hystériques, celui
qui suit les somnambulismes, celui qui suit les crises, celui
qui est continu chez la malade de M. Charcot, n'est que cela,
une sorte de distraction de la personnalité ; mais alors ce
n'est rien et l'on peut dire que cet oubli n'existe pas, qu'il
n'est qu'une complaisance du sujet. Non, certainement non,
cet oubli est très réel, très pénible pour le sujet ; c'est une
petite lésion psychologique et ce n'en est pas moins une infir-
mité. Les oublis de Berthe qui survenaient à chaque instant
de la journée et que je reproduis à volonté et si facilement en
apparence, l'ont fait renvoyer du magasin où elle travaillait

et l'ont réduite à la misère. Les oublis de M^me D... ont
forcé à la transporter à Paris, à la placer pendant des mois à
la Salpêtrière, loin de son mari et de ses enfants qui pleurent
après elle. Une lésion pour être morale n'en est pas moins
réelle et quelquefois très grave, et l'on peut être toute sa vie
enfermé dans un asile pour un simple trouble de la notion de
personnalité. Les amnésies hystériques, comme les anesthésies, nous semblent être quelque chose de ce genre, une diminution ou une suppression localisée ou générale de la faculté
qui consiste à rattacher les images à la personnalité, de la perception personnelle des souvenirs.

III. — Messieurs, il serait peut-être prudent de nous
arrêter ici : les notions que je vous ai exposées sur l'amnésie
hystérique me paraissent résumer assez bien les connaissances actuelles. Peut-être est-il dangereux de chercher à
s'aventurer plus loin. Cependant, il est toujours permis de
raconter certains faits et d'exprimer les idées qu'ils nous sug-
gèrent, quand on prend la précaution d'indiquer le caractère
problématique de ce que l'on avance. Nous avons compris
l'amnésie hystérique en général, mais je me suis demandé
souvent si l'on ne pouvait pas analyser avec plus de précision tel ou tel cas particulier. Pourquoi donc, par exemple,
chez les malades qui n'ont pas des amnésies continues mais
des amnésies localisées, l'oubli porte-t-il sur ce fait plutôt
que sur un autre? Pourquoi oublient-ils telle période de leur
existence plutôt que telle autre? Je me hâte de dire que je n'ai
pas de réponse générale s'appliquant à tous les cas, mais, dans
certains cas particuliers, il m'a semblé que l'on pouvait
observer certains faits déterminés en rapport avec l'amnésie
et variant assez régulièrement avec elle. Si isolés que soient
ces faits, nous devons vous les indiquer.

Ainsi que je vous l'ai dit en commençant, l'un des cas
d'amnésie qui m'avaient le plus frappé était celui d'une
malade de l'hôpital du Havre. Elle avait dans son souvenir
une lacune incontestable et assez étendue de trois mois de
durée, ce qui est déjà assez long et assez rare. A l'inverse des
malades dont nous venons de parler, il ne suffisait pas de
l'hypnotiser d'une façon quelconque pour qu'elle retrouvât
les souvenirs et, malgré toutes mes tentatives prolongées pendant plus de six semaines, je n'avais retrouvé aucune mé-

moire de cette longue période [1]. Cette femme présentait,
comme cela arrive fréquemment chez les hystériques très
malades, un somnambulisme très instable, changeant continuellement, entrecoupé de spasmes et de petits accidents con-
vulsifs. Un jour, dans un de ces états somnambuliques acci-
dentels, elle me dit spontanément : « Vous m'avez souvent
demandé ce qui s'est passé au mois d'août et au mois de septembre. Pourquoi donc n'ai-je pas pu vous répondre, c'était
si simple; je le sais bien maintenant, j'ai fait ceci et cela,
etc., etc. [2]... » Le souvenir des trois mois oubliés était totalement revenu ainsi que je pus le vérifier. Mais dès que ce somnambulisme changea et que le sujet entra dans l'état de veille
ou dans un autre somnambulisme, ces souvenirs disparurent
de nouveau complètement. J'ai cherché ce que cet état pouvait avoir de particulier et j'ai été frappé par une constatation
que je continue à considérer comme intéressante : dans ce somnambulisme particulier, qui amenait le retour des souvenirs,
Rose recouvrait subitement la sensibilité tactile et musculaire de tout le côté droit, tandis que dans les autres états elle
était perpétuellement anesthésique totale. D'autre part, grâce
à des renseignements que j'ai eu le bonheur de pouvoir
recueillir, il m'a été démontré que Rose était sensible du côté
droit et se trouvait également hémi-anesthésique gauche pendant la période des trois mois dont le souvenir avait été
perdu. La restauration accidentelle, j'en conviens, du même
état de sensibilité s'était accompagné de la restauration de
tous les souvenirs de cette période. Des faits de ce genre ont
été, je crois, assez souvent signalés. Je vous rappellerai surtout l'observation extraordinaire de Louis V à laquelle de
nombreux auteurs ont collaboré [3]. Ce malade célèbre présente
cinq ou six personnalités différentes, ou plutôt cinq ou six
états de mémoire différents, caractérisés chacun par des souvenirs et des amnésies déterminées. Je vous rappelle que dans
chacun de ces états de souvenir il avait un état particulier de

[1] Il est bon de dire qu'à ce moment je ne connaissais pas comme
aujourd'hui l'usage de l'écriture automatique pendant la veille et même
pendant diverses variétés du somnambulisme qui probablement m'aurait
donné d'autres résultats.

[2] *Automatisme psychologique*, 1889, p. 94.

[3] H. Bourru et P. Burot. — *Variations de la personnalité*, 1888, surtout
p. 123 et suiv. Voir dans le même ouvrage un certain nombre d'observations tout à fait analogues.

la sensibilité, et il suffisait, quand c'était possible, de rétablir
artificiellement tel ou tel état de la sensibilité, pour faire
naître immédiatement l'état de mémoire correspondant. On
constate chez ce malade et chez beaucoup d'autres une relation étroite entre l'état de la sensibilité et l'état de la mémoire,
telle que nous l'avions rencontrée en observant les somnambulismes de Rose.

Cette relation, nous avons cherché à la vérifier expérimentalement en produisant des anesthésies bien déterminées et en
cherchant leur influence sur des souvenirs également déter-

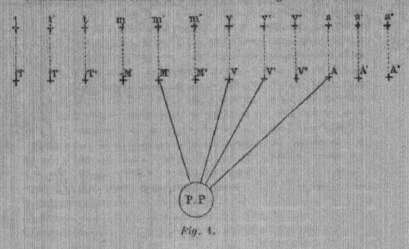

Fig. 1.

minés. Nous sommes arrivés ainsi, croyons-nous, à constater
certains faits qui ne nous semblent pas dépourvus d'intérêt.
Bien souvent, je ne dis pas toujours, quand une hystérique a
perdu complètement une certaine sensibilité, elle a perdu en
même temps la faculté de percevoir les images qui dépendent
de cette sensibilité. Ainsi une malade dont j'ai rapporté autrefois l'observation, était atteinte d'une dyschromatopsie complète et ne percevait ni d'un œil ni de l'autre aucune couleur.
Il m'était alors impossible de lui faire éprouver aucune hallucination colorée ; elle voyait, disait-elle, les fleurs et les objets
que je lui suggérais de voir, mais elle les voyait toujours gris
et blancs[1]. Elle n'avait pas plus à la disposition de sa percep-

[1] M. Paul Richer a signalé, le premier je crois, ce phénomène : *Etudes
cliniques sur la grande hystérie*, 1885, p. 707, mais il l'a constaté sur

ception personnelle les images des couleurs que les sensations
des couleurs. Quelquefois aussi on peut faire une vérification
en quelque sorte inverse ; si l'on suggère très fortement au
sujet qu'il éprouve une certaine sensation tactile, un chatouillement, par exemple, sur un membre qui est anesthésique, il
arrive parfois que la suggestion réussit et que le sujet se plaint
d'éprouver le chatouillement. A ce moment vous pouvez constater en pinçant le bras, que la sensibilité tactile est revenue
tout entière à ce membre. L'image n'a pu être évoquée sans
ramener en même temps dans la conscience personnelle la sensation elle-même. On peut varier indéfiniment ces expériences,
et dans la plupart des cas vous constaterez une sorte de loi
d'une application assez régulière ; les sensations et les images
de la même espèce semblent associées ; elles sont à la fois présentes ou absentes dans la perception personnelle. Si nous
reprenons le schéma qui nous a servi dernièrement, nous
pouvons à chaque sensation élémentaire $T\,T'\,T''$, $M\,M'$, etc.,
associer les images correspondantes, images tactiles $t\,t'\,t''$,
musculaires $m\,m'\,m''$, visuelles $v\,v'\,v''$ et auditives $a\,a'\,a''$.
Nous lirons alors l'expression graphique de ce fait : la perception personnelle $P\,P$ quand elle saisit les sensations $M'\,V\,V'\,A$
est en même temps capable de saisir les images associées
$m'\,v\,v'\,a$, au contraire en négligeant les sensations $T\,T'\,T''$ elle
perd en même temps les images $t\,t'\,t''$. En un mot, des amnésies semblent dépendantes des anesthésies. Ce serait alors la
variation brusque de l'état de sensibilité qui déterminerait les
amnésies localisées[1].

une femme qui n'était achromatopsique que d'un œil, ce qui rend l'interprétation psychologique plus difficile. Pour la discussion complète de
ces expériences, voir *Automatisme psychologique*, p. 96 et p. 152.

[1] L'hystérique, incapable à cause du rétrécissement du champ de sa
conscience de réunir continuellement dans une même perception personnelle toutes les sensations et les images, semble choisir pour les percevoir, tantôt les unes, tantôt les autres. Elle a une perception personnelle
très instable. Les hommes ordinaires, dit M. Charcot, sont des auditifs,
des visuels ou des moteurs, quelques-uns appartiennent au type indifférent. Je crois qu'il serait peut-être nécessaire d'admettre pour les hystériques le type alternatif ; car elles passent naturellement ou artificiellement d'un type à un autre ; elles sont, par exemple, des visuelles à l'état
de veille et des motrices en somnambulisme. Naturellement, suivant
qu'elles prennent tel ou tel type de pensée, elles possèdent ou elles
perdent telle ou telle catégorie de souvenirs. Ces réflexions sont malheureusement trop simples encore pour s'appliquer à toutes les amnésies

Ces remarques semblent justes et cependant, je dois vous avouer, qu'à mon avis, elles sont loin de résoudre entièrement le problème. En effet, il est facile de comprendre que les disparitions et les retours des souvenirs ont lieu en pratique d'une manière bien plus compliquée. La disparition d'une certaine sensation et d'une certaine image peut bien ne pas donner lieu à tous les oublis que la théorie précédente nous indiquerait. Il peut se produire des suppléances : le même souvenir, celui d'une personne qu'on a vue, par exemple, peut être représenté dans l'esprit par des images de différente nature. Les images auditives du son de la voix, le nom même de cette personne peut suffire à la rappeler à notre pensée, quand nous avons perdu l'image visuelle de son visage et bien souvent les oublis que toute anesthésie devrait amener, sont compensés et ne se manifestent guère. D'autre part, certaines images jouent dans nos souvenirs un rôle trop important : elles servent en quelque sorte de centre de ralliement autour duquel tous les autres souvenirs sont coordonnés et la perte de ces images, quand elle a lieu, amène des amnésies considérables, peu en rapport, en apparence, avec l'anesthésie qui les produit. Ajoutons enfin que cette association des images et des sensations, comme celle des sensations tactiles et des mouvements, est une association habituelle, très générale, mais qu'elle n'est pas nécessaire et que, dans certains cas, elle peut être rompue et vous comprendrez pourquoi je vous ai présenté cette explication des amnésies comme particulière et limitée à certains cas.

Ce n'est que dans un petit nombre de circonstances que les notions précédentes peuvent avoir des applications vraiment utiles et nous faire comprendre certains phénomènes de mémoire ; nous croyons les rencontrer dans certains cas de somnambulisme. Je n'ai pas la prétention d'étudier devant vous et incidemment tous ces phénomènes psychologiques qui ont été confondus sous le nom de somnambulisme. Mon ami, M. Guinon, vous a déjà fait connaître avec une grande précision les principaux d'entre eux ; je désire seulement vous en signaler quelques-uns.

hystériques ; elles ne sont exactement applicables qu'à des cas très particuliers, c'est pourquoi je les indique en note sans insister. Voir *Automatisme psychologique*, p. 101, l'observation d'une hystérique absolument conforme à cette description.

Les somnambulismes, pour ne les considérer qu'à un seul point de vue, sont des modifications de la mémoire ; ce sont des états dans lesquels les sujets ont des souvenirs particuliers qu'ils ne retrouvent plus quand ils en sortent. Etant donnée la prédisposition des hystériques aux amnésies localisées, de tels états seront chez elles très nombreux, très variés et très faciles à produire. Cela résulte non des procédés que l'on emploie, mais du terrain sur lequel on opère. Parmi tous ces états somnambuliques, dont l'étude est interminable, il est tout naturel que l'on choisisse pour les examiner de préférence, ceux qui nous présentent quelques caractères intéressants. Or les caractères qui nous intéressent varient selon le but que nous nous proposons d'atteindre. Autrefois, il y a vingt ans à peine, le grand point n'était pas d'analyser en détail tel ou tel état somnambulique ; il fallait démontrer l'existence de ces états anormaux, écarter l'objection facile et banale de la simulation et obtenir le droit d'étudier ces phénomènes. Celui qui s'aventurait dans de semblables travaux risquait de compromettre sa réputation et sa carrière et s'exposait à se voir confondre avec des personnages de renommée assez douteuse, sans valeur médicale ni scientifique. Il ne pouvait donc pas présenter un somnambulisme quelconque, uniquement caractérisé par des symptômes psychologiques. Il fallait choisir des états somnambuliques chez des hystériques qui fussent accompagnés de modifications somatiques visibles et tangibles, de caractères susceptibles de s'inscrire sur un cylindre enregistreur pour convaincre les incrédules. C'est grâce à ces travaux, ne l'oublions pas, que le droit à l'étude du somnambulisme a été conquis. Mais, il y a d'autres formes du somnambulisme, s'est-on écrié aussitôt dès que ce droit a été acquis. Qui donc vous a jamais dit le contraire ? Si je vous présente ici des malades n'ayant dans leur somnambulisme que des modifications purement morales, c'est que M. Charcot les a vus et m'a demandé de vous les présenter. Il faut dans la science savoir être reconnaissant, pour que nos faibles travaux, quand ils seront bien vite dépassés, ne soient pas entièrement oubliés. Aussi, je le dis, sans hésiter, si je puis aujourd'hui vous présenter les états somnambuliques que nous étudions, c'est parce que depuis bien des années, dans cet amphithéâtre, on vous en a présenté d'autres.

Aujourd'hui, nous pouvons choisir parmi les états somnam-

buliques avec plus de liberté et je vous en signale quelques-uns
qui me paraissent intéressants. Ainsi je vous propose d'appeler
*états ou somnambulismes à mémoire réciproque* ou, pour abré-
ger, *somnambulismes réciproques* certains états tels que le souvenir du premier se retrouve dans le second et le souvenir du
second dans le premier. Par exemple, je vous ai dit que cette
jeune fille, Marguerite, avait des sortes de délires consécutifs
à ses attaques d'hystérie. Avec plus de précision, elle a, à la fin
de l'attaque, deux périodes de somnambulisme différentes. Dans
la première, elle reste immobile, les yeux fermés comme
endormie, elle ne répond pas et ne paraît pas entendre. Dans
la seconde, elle ouvre les yeux, remue et parle d'une manière
naturelle, mais semble ne pas connaître les personnes qui
l'approchent et avoir oublié tous les événements survenus
depuis qu'elle est malade. Cette dernière période se termine
par quelques convulsions et la malade se réveille dans son état
normal avec l'oubli complet des deux états précédents. Eh bien,
on peut provoquer artificiellement chez elle divers états somnambuliques ; dans l'un de ces états provoqués, vous voyez
qu'elle reste étendue, les yeux fermés, mais qu'elle peut parler,
si on insiste. Elle nous raconte ce qui est arrivé pendant la
période de sommeil qui suit la crise, que telle personne est
venue près d'elle, que son père l'a embrassée, etc. Réciproquement, si je lui dis maintenant quelque chose, elle pourra me
le répéter, dans sa prochaine crise, pendant cette même
période de sommeil. Ce sont donc là deux états à mémoire
réciproque.

Pendant qu'elle est endormie, forçons-la à ouvrir les yeux,
il arrive alors une chose qui est loin d'être ordinaire pendant
le somnambulisme, elle change totalement d'état et perd le
souvenir de ce qu'elle vient de me dire quand elle avait les
yeux fermés. Mais par contre, elle a acquis des souvenirs tout
nouveaux, elle me raconte ce qui s'est passé pendant le
deuxième somnambulisme de son attaque et réciproquement
dans cette période de l'attaque elle se souvient de ses somnambulismes artificiels les yeux ouverts. Voici encore deux
états réciproques.

Eh bien, dans les états de ce genre, vous remarquerez, je
crois, très souvent un fait important : c'est que l'état de la sensibilité est le même dans les deux états réciproques. Vous
pourriez le vérifier ici avec précision, si nous avions le loisir

d'étudier en détail les divers états psychologiques que cette malade traverse. Vous verriez que les états de mémoire ne deviennent identiques qu'au moment seulement où les répartitions de la sensibilité sont devenues équivalentes.

Je n'insiste pas sur d'autres variétés de la mémoire pendant le somnambulisme : je ne fais que vous signaler les *états supérieurs* et les *états inférieurs*. Dans les premiers, le sujet a le souvenir de tous les autres, mais la réciproque n'est pas vraie et dans les seconds il ne se rappelle pas les états supérieurs.

Il n'y a qu'un seul état de ce genre dont je crois aujourd'hui la connaissance indispensable, c'est celui qui mérite d'être appelé le *somnambulisme complet*. Cette expression a été employée pour la première fois et avec beaucoup de justesse par M. Azam, pour désigner l'un des états psychologiques de Félida X... [1]. Nous avons eu l'occasion de constater cet état à plusieurs reprises chez des hystériques et nous l'avons décrit avec soin, car nous y attachons une assez grande importance [2].

Par bonheur, nous pouvons vous présenter ici un cas remarquable de ce phénomène, qui est en réalité assez rare. Voici une malade du service qui est bien connue de vous tous, Witm. Elle est maintenant dans son état de veille, c'est-à-dire dans son état normal, le plus habituel. Je vous rappelle l'état de sa sensibilité à ce moment : anesthésie tactile et musculaire totale, rétrécissement considérable du champ visuel, achromatopsie de l'œil gauche et surdité de l'oreille gauche. Vous savez ce qu'il faut entendre par ces anesthésies. En réalité, je ne vous dis pas que Witm, soit réellement insensible ou sourde de l'oreille gauche. Non, son oreille gauche entend parfaitement, en voici une preuve. Pendant qu'elle ferme son oreille droite je lui commande tout bas de lever le bras au moment où je le toucherai, et vous voyez que son bras exécute très bien la suggestion, quoique Witm prétende n'avoir rien entendu, rien senti... En réalité, il s'agit là d'une anesthésie, analogue à celles que nous avons décrites dernièrement et qui n'affecte que la perception personnelle. En outre, dans cet état de veille, Witm souffre de nombreuses amnésies, ses crises, ses somnambulismes nocturnes, toutes les périodes

---

[1] Azam. — *Hypnotisme, double conscience et altérations de la personnalité*, 1887, p. 133.
[2] *Automatisme psychologique*, p. 87, 105, 178.

du somnambulisme artificiel, de longues époques de sa vie, des événements récents, tout cela est absolument oublié et elle a autant de lacunes dans ses souvenirs que dans ses sensations.

Je regrette de ne pouvoir endormir cette malade devant vous, comme j'ai fait pour les autres : le somnambulisme que je désire vous montrer est chez elle, un peu long et délicat à produire. Cela dépend, comme vous savez des sujets et de leurs dispositions. L'un de ces messieurs s'est chargé de l'endormir au dehors et nous la ramène dans cet état que je veux vous décrire [1]. Il est facile de voir par sa conversation que toutes les amnésies précédentes ont absolument disparu ; elle se souvient de tous les événements récents ou anciens et n'a plus de lacunes dans ses souvenirs ; elle sait tous les somnambulismes artificiels par où elle a passé, elle se rappelle même, détail curieux, les premières séances de somnambulisme de sa jeunesse, et raconte la première hallucination visuelle qu'on lui a suggérée, celle d'une souris blanche. La mémoire est rétablie chez elle d'une façon merveilleuse. Mais en même temps, et j'attire votre attention sur ce point, elle a perdu tous ses stigmates hystériques, et ne présente plus aucune anesthésie. La sensibilité tactile est délicate, plus de signe de Romberg, plus de rétrécissement du champ visuel, aucune achromatopsie. C'est dans ce somnambulisme complet que nous voyons le mieux l'association de la sensibilité et de la mémoire dont je vous ai parlé. Certains sujets ont donc des amnésies sous la dépendance de leurs anesthésies, ou mieux, certains sujets ont des amnésies et des anesthésies inséparables, dépendant toutes deux d'une même cause plus profonde, la faiblesse de leur perception personnelle et quand l'un de ces symptômes disparaît, on peut prévoir que le second va disparaître également.

Ce n'est pas là comme je vous l'ai dit, l'explication de toutes les amnésies localisées, beaucoup d'entre elles se rattachent à des phénomènes de suggestion dont nous n'avons pas parlé, mais c'est du moins un commencement d'explication pour quelques-unes et nous n'avions pas le droit de négliger ces quelques indications ; elles précisent la comparaison des anesthésies et des amnésies que nous avions entreprise.

---

[1] Pour l'étude de ce somnambulisme complet de Wit..., voir le travail de Jules Janet, *Hystérie et somnambulisme, d'après la théorie de la double personnalité. (Revue scientifique*, 1888, t. 1, p. 616.)

Permettez-moi, messieurs, pour conclure, de vous rappeler
en quelques mots les notions que nous avons acquises aujour-
d'hui. Le phénomène de l'amnésie occupe dans la pathologie
de l'esprit une place toute particulière et il est le point de
départ d'une grande quantité de symptômes très variés. C'est
pourquoi j'ai cru nécessaire de vous entraîner dans cette étude
un peu abstraite. Après avoir constaté l'existence très fréquente
des amnésies hystériques, nous avons examiné d'une façon
assez nette, l'analogie qui existe entre ce nouveau phénomène
et les anesthésies hystériques. D'un côté comme de l'autre, il
n'y a pas une véritable destruction des phénomènes psychologiques élémentaire, des sensations ou des images ; il n'y a
toujours qu'une impuissance, une insuffisance du pouvoir
centralisateur. C'est toujours une perception personnelle, incapable de rattacher tous les éléments à l'ensemble de la personnalité ; tantôt elle néglige des images comme au hasard,
elle laisse se produire des amnésies vagues et continuelles ;
tantôt elle semble prendre le parti de négliger certaines
images déterminées, ayant des caractères particuliers, et nous
voyons naître les plus curieuses amnésies localisées. Quant à
la raison qui détermine ces localisations particulières de l'amnésie, nous croyons que, dans certains cas, elle peut être
trouvée dans les anesthésies qui surviennent à ce moment, et
mieux dans les variations de la sensibilité consciente. Mais
nous savons que cette explication est très particulière et que
bien souvent des influences plus complexes encore doivent
intervenir.

# LA SUGGESTION

## CHEZ LES HYSTÉRIQUES

3e CONFÉRENCE FAITE A LA SALPÊTRIÈRE LE 1er AVRIL 1892,

### Par M. Pierre JANET

Professeur agrégé de philosophie, docteur ès lettres, élève du service.

MESSIEURS,

En apprenant que j'allais vous parler aujourd'hui de la suggestion, beaucoup d'entre vous ont dû se sentir très effrayés, et s'attendent sans doute à une étude aussi vague qu'interminable. Pour beaucoup, en effet, le mot suggestion a perdu tout sens précis et s'applique à une quantité de choses différentes; suggestion toute la thérapeutique, suggestion toute la pathologie nerveuse, suggestion surtout toute la psychologie. Rassurez-vous cependant, le mot suggestion n'a pas pour moi un sens aussi vaste et aussi indéfini. Il désigne à mes yeux un phénomène très réel, très important, mais un phénomène tout particulier, qu'il faut éviter de confondre avec tous les autres. D'ailleurs, l'objet de ces études est restreint et suffit amplement à mon ambition : je me contente d'étudier devant vous les hystériques et rien de plus. J'ai l'intention de vous exposer un phénomène psychologique particulier qui se présente chez ces malades et que je vous propose d'appeler *la suggestion*. Libre à vous de penser que chez l'homme normal la suggestion est plus importante et qu'elle revêt d'autres caractères. Je cherche uniquement à préciser le sens de ce mot quand on l'applique à des hystériques et à vous montrer les conditions dont ce phénomène paraît dépendre.

I. — Contentons-nous, pour le début, d'une définition très élémentaire et très vague qui se précisera peu à peu. L'observation la plus superficielle des hystériques a permis à tous les médecins de faire une remarque banale : c'est que, chez elles, et plus particulièrement chez quelques-unes d'entre elles, certaines idées prennent très facilement une importance exagérée. Cette importance exagérée se manifeste de plusieurs façons, par la fréquence avec laquelle ces idées se présentent à leur esprit, par la durée pendant laquelle ces idées persistent, par les actes extérieurs qui les accompagnent, par l'apparence de réalité, d'objectivité enfin qu'elles prennent aux yeux du sujet.

On constate très souvent des phénomènes de ce genre pendant les attaques d'hystérie. C'est là un fait d'observation dans lequel l'expérimentation n'entre pour rien, certaines crises répètent tous les huit jours et quelquefois même tous les jours avec une précision extraordinaire, un fait, un accident, une idée quelconque qui ont vivement impressionné l'esprit du malade.

Un petit jeune homme de seize ans voit un incendie, et quel incendie, la flamme de quelques copeaux dans la cuisine, et voici que depuis trois ans, il passe une heure tous les jours à voir du feu, à crier au secours, à entendre la corne des pompiers, à se débattre en les appelant; c'est un peu abusif vous l'avouerez. Une femme, dont je vous parlais dernièrement, a vu, une fois dans sa vie, un homme caché derrière les rideaux pour faire une plaisanterie, et, depuis deux ans, elle a, tous les soirs, une crise d'hystérie formidable et passe une heure les yeux fixés sur les rideaux, en posture de terreur. Tous les exemples se ressemblent, car, presque toujours, toutes les péripéties des attaques de ce genre reproduisent ainsi un incident de la vie dont l'importance est exagérée. Vous connaissez dans le service cette malade bizarre que nous appelons quelquefois la femme-chameau, parce qu'elle a été impressionnée, en Algérie, par cet animal, et qu'elle paraît reproduire son cri pendant l'attaque; elle ne fait pas un geste qui n'ait une raison de ce genre. Ainsi, elle s'arrête au milieu de ses cris et lève le bras droit en l'air, c'est qu'elle prend la posture du tableau qu'elle a regardé autrefois dans sa chambre, la *Vérité*, de Jules Lefèvre; puis elle se couche et crie miaou, miaou, c'est parce qu'un petit chat, bien innocemment, lui a, un jour, léché le bout des doigts; elle contrefait la voix des

enfants et répète zou, zou, ma nounou, patapan, ta, tata, zo, zo...,
etc., c'est qu'elle imite la voix d'un petit pâtissier idiot qu'elle
a vu dans les rues d'Alger, et ainsi pour tout ce qu'elle fait.
Nous retrouvons la même importance exagérée de certaines
idées dans les rêves : Une jeune fille de vingt-trois ans rêve
toutes les nuits qu'elle tombe dans l'eau, parce que, à l'âge de
dix ans, elle a failli se mouiller les pieds dans un ruisseau.
D'autres accidents, en dehors des crises et des rêves, manifestent le même phénomène. Sœur Jeanne des Anges, dont
M. Gilles de la Tourette nous a fait connaître les intéressantes confessions, rêve qu'elle a cohabité avec le diable et à
la suite présente tous les symptômes de la grossesse, même la
sécrétion lactée des mamelles [1]. J'ai eu l'occasion, d'ailleurs,
de voir deux cas analogues, quoique moins complets. Un individu, qui travaille dans le plomb, imite la paralysie des exten-
seurs de son camarade. Un homme assiste à l'enterrement de
son neveu qui a eu le bras droit coupé après un accident de
machine, il rentre avec une paralysie hystérique du bras. Une
femme, nous raconte M. Gilles de la Tourette, donne une gifle
à son enfant et la main reste paralysée avec une anesthésie
en manchette [2]. Une autre, que j'ai décrite autrefois, lève le
poing contre son mari et, par une punition céleste, son bras
reste contracturé dans la position du coup de poing [3]. Faut-il
ajouter que j'ai vu une hystérique se trouver fortement purgée
parce qu'elle avait apporté une purge à un malade.

En dehors de ces accidents extérieurement visibles, ces
malades ont sans cesse dans la tête des idées d'une importance exagérée. Je trouve un jour la petite Berthe, immobile,
absorbée dans une contemplation imaginaire : « Que c'est
beau, dit-elle tout bas, que c'est beau, » et je ne peux pas en
tirer autre chose. On me dit que depuis la veille elle est ainsi
en extase, qu'elle n'a pas pu se coucher et qu'elle a passé la
nuit assise sur son lit, en admiration. « C'est bien beau, dit-elle
enfin, cette statue, ce grand paysan. » Tout s'explique, elle a
été aider une infirmière à épousseter un laboratoire où M. Richer
mêle les belles œuvres d'art aux études scientifiques, et elle a

[1] G. Legué et Gilles de la Tourette. — Sœur Jeanne des Anges (biblio-
thèque diabolique, 1886, p. 81).

[2] Gilles de la Tourette. — Traité de l'hystérie, 1891, 522.

[3] Pierre Janet. — Les actes inconscients et la mémoire pendant le
somnambulisme. (Revue philosophique, 1888, 1, 224.)

été saisie d'admiration pour une statue. Elle n'a pas tort et cela
prouve qu'elle a bon goût, mais deux jours d'extase continue,
c'est exagéré. Un autre jour, elle ne peut plus arriver à parler,
parce que sa bouche chante tout le temps malgré elle, on a
voulu lui apprendre une chanson et on a trop bien réussi, puisqu'elle ne peut plus s'en débarrasser. Célestine, une autre
malade, se fâche un jour contre un fonctionnaire de la Salpêtrière et ne pense plus qu'à le rosser d'importance. Elle pleure
et trépigne et me dit : « C'est ridicule, c'est désolant, on va
me mettre encore aux folles, mais cela ne fait rien, il faut
que je le rosse. » Vous comprenez que j'aie dû prendre quelques précautions, d'ailleurs faciles.

En effet, on peut changer leurs idées ou reproduire soi-même
artificiellement ces idées d'une importance exagérée qui nais-
saient spontanément. On peut les faire agir, leur faire croire,
même leur faire voir tout ce que l'on veut, et j'ai recueilli autrefois de nombreux exemples de cette crédulité qu'il serait trop
long de vous raconter[1]. Rappelez-vous seulement, qu'en général,
il ne faut pas hypnotiser les hystériques pour leur suggérer quelque chose, c'est là une grosse erreur qui a eu de l'influence sur
la conception que l'on s'est faite du somnambulisme. Affirmez-
leur pendant la veille, c'est tout aussi commode et beaucoup
plus sûr et vous remarquerez que les suggestions dont je vais
vous montrer quelques exemples sont faites à l'état de veille.
De semblables suggestions sont fort graves et peuvent per-
sister fort longtemps. Il y a deux ans, quand j'étais élève chez
mon éminent maître, M. Landouzy, je déclarai à une hystérique pendant la veille que je lui faisais cadeau d'une belle
rose. Elle la vit fort bien, par hallucination, et la plaça déli-
catement dans un verre d'eau. Je partis sans enlever la suggestion, pour voir ce que la rose deviendrait. La malade
changea l'eau de son verre et soigna sa belle rose qui ne se
fanait jamais, malgré les railleries des infirmières et des
malades, et douze jours après je me décidai à enlever la rose
parce que je commençais à être inquiet de cette sorte de folie
persistante. On peut faire aux hystériques bien d'autres suggestions beaucoup plus graves encore; toujours on verra ces idées
prendre une importance énorme, se répéter, durer, se manifester par des actes réels, par des images objectivées de véritables hallucinations.

[1] *Automatisme psychologique*, 205.

En quoi donc consiste l'importance que prennent ces idées? Une première explication a été fournie souvent depuis des siècles, par tous les philosophes [1]. Chez tous les hommes, dit-on, les idées ont une tendance à se transformer en acte, une musique nous fait danser, les enfants suivent le tambour en marchant au pas, la vue d'un bâillement nous fait bâiller, etc. Les idées semblent aussi se transformer en sensation, la pensée de la démangeaison nous fait sentir un prurit véritable; nous croyons voir au microscope ce que l'on nous décrit, etc. Tout cela est juste, quoique exprimé d'une manière trop vague. Voici une façon un peu plus précise de répéter cette même explication. Toute idée bien comprise, bien claire, est en réalité dans notre esprit un ensemble, un système d'images différentes, ayant chacune des propriétés spéciales et diversement coordonnées. Prenons, par exemple, cette pensée très simple qui s'exprime par ces mots : « faire le tour de la chambre ». Cette pensée renferme des images visuelles ou musculaires suivant les cas du mouvement des jambes, des images visuelles de l'aspect de la chambre au moment où l'on part, puis d'autres images motrices et d'autres images visuelles d'un nouvel aspect de la salle et ainsi une longue suite de représentations variées jusqu'à une dernière qui reproduira le premier aspect de la salle. La pensée d'un bouquet de roses ou la pensée d'un chat renferme de même de nombreux éléments groupés les uns autour des autres dans une dépendance très étroite. Nous n'avons qu'à signaler dans ces idées, la notion de la couleur des fleurs, la couleur et la forme du chat, puis de nombreuses images d'odorat, de tact, d'ouïe, etc., en un mot, comme je le disais, ces idées sont de véritables systèmes d'images. Le plus souvent, ces systèmes se reproduisent dans notre esprit d'une façon tout à fait partielle et abrégée : par exemple, l'image sonore ou kinesthésique du mot « fleur » ou du mot « chat » se reproduira seule, ou à peu près seule et suffira pour représenter tout le système complexe dont elle n'est qu'un petit élément.

Dans les cas de suggestion que nous cherchons à analyser, nous voyons, au contraire, que des systèmes de ce genre, s'ils commencent une fois à se développer dans l'esprit, ne restent pas incomplets. Tous ces détails constituants, images visuelles,

[1] Relire, par exemple, les chapitres si curieux de Malebranche et d'autres cartésiens sur l'influence de l'imagination.

images tactiles, images kinesthésiques, réapparaissent à leur
place de manière à reconstituer le système dans son ensemble.
Or, chacune de ces images a un rôle dans l'esprit, l'une provoque des émotions et des sentiments, l'autre est accompagnée
de mouvements réels des membres. Le système reproduit dans
son ensemble provoque donc certains grands phénomènes
psychologiques comme l'exécution d'un acte réel ou la croyance
à l'existence réelle et extérieure des objets auxquels on pense.
Les actes réels et l'objectivité apparente des objets ne tiennent,
comme on sait, qu'à la précision et à la complexité des images
qui ressuscitent dans l'esprit [1].

Je n'ai pas l'intention de vous montrer de nombreux exemples
de la suggestion que vous connaissez trop bien; mais je vais
vous faire remarquer, en vous montrant quelques faits, ce
caractère important du développement des images contenues
dans une idée. J'emploie la parole pour faire aux malades,
que vous connaissez, des suggestions rapides, d'autres moyens
pourraient également faire pénétrer dans leur esprit l'idée qui
va se développer. Je dis à Isabelle, sur le ton le plus simple :
« Tiens, regarde donc sur cette chaise le beau bouquet de
roses. » J'éveille dans son esprit par ces mots le système
d'images qui constitue l'idée d'un bouquet de roses. Ordinai-
rement, chez une personne normale, ce système resterait
extrêmement incomplet, réduit à un ou deux termes et il
n'amènerait aucun mouvement extérieur et aucune croyance
à l'existence réelle du bouquet. Mais, voyez Isabelle, elle se
lève, prend le bouquet, tient les mains écartées comme si elle
sentait entre elles une résistance, abaisse la tête et respire
l'odeur; elle a dans l'esprit une énorme quantité d'images
tactiles, visuelles, olfactives, etc. Elle décrit les roses, leur
couleur, leur nombre, etc. En un mot, chez elle le système
d'images, qui constitue ce que nous appelons un bouquet de
roses, s'est reconstitué dans son intégrité.

Permettez-moi de vous montrer un second exemple que je
trouve plus curieux et plus décisif encore. Je vais vous montrer chez Marguerite un phénomène de suggestion très singulier que j'ai constaté chez elle tout à fait par hasard en cherchant
autre chose, mais que je vais essayer de reproduire devant
vous. Vous avez déjà vu cette jeune fille, vous savez qu'elle

[1] Voir une étude sur la puissance de semblables phénomènes dans
l'*Automatisme psychologique*, 1889, p. 200.

a vingt-trois ans, qu'elle est à la Salpêtrière depuis plus d'un
an et que, par conséquent, elle nous connaît tous très bien.
Vous n'avez pas oublié les divers accidents hystériques, con-
tracture, œdème bleu, attaques qui l'ont amenée à l'hôpital et
vous pouvez vérifier encore une fois ses stigmates permanents,
anesthésie tactile tout à fait complète de tout le côté droit,
anesthésie musculaire telle qu'elle est incapable de remuer son
bras droit sans le voir et qu'elle le laisse dans des postures cataleptiques quand on le déplace à son insu, rétrécissement du
champ visuel à 35°, etc. Eh bien, je lui dis simplement, en
insistant un peu, ce simple mot : « bonjour Margot ». Elle a,
comme vous voyez une petite secousse et elle change de visage.
Comme elle me regarde d'un air étonné, je lui demande ce
qu'elle a et ce qui l'inquiète : « Mais, je ne vous connais pas,
monsieur. — Comment, tu viens de me voir ce matin. —
Mais non, ce matin, j'étais en classe et j'ai fait mes devoirs. »
Si vous êtes surpris de ces réponses et si vous examinez la
malade, vous allez voir qu'elle a complètement oublié la Salpêtrière, sa propre maladie, tout ce qu'elle a fait dans ces
dernières années et que, au contraire, elle se souvient de son
enfance avec une précision étonnante. Si nous allons plus loin,
nous voyons qu'elle n'a plus aucun stigmate hystérique : elle
crie dès que je pince son bras droit, elle le remue sans le voir
et ne garde plus les poses cataleptiques, elle a un champ
visuel qui est devenu absolument normal. Que s'est-il passé ?
Il suffit de lui demander son âge. « J'ai huit ans, » nous dit-
elle. Voici probablement ce qui est arrivé, par hasard la première fois et ce qui se répète aujourd'hui : le mot « Margot »
est le nom qu'on lui donnait à la pension, quand elle avait
l'âge de huit ans, et ce mot prononcé par nous a réveillé dans
son esprit tout le système énorme de souvenirs, d'images et
même de sensations auquel il était lié. Même la sensibilité tactile et musculaire du côté droit, qui semble disparue de la
conscience, mais qui existait latente, comme nous le savons,
s'est réveillée, s'est rattachée à la conscience personnelle pour
reconstituer le système complet de Margot à huit ans, à la
pension. Voici, je crois, un bel exemple, quoique assez rare,
de ce développement automatique de tous les éléments qui
entrent dans une idée. Ces faits nous expliquent déjà une partie
de la suggestion, ce que nous avons appelé l'importance prise
par certaines idées.

Nous avons encore à insister sur une autre expression, ce qui caractérise la suggestion, c'est, disons-nous, l'exagération de ce développement, c'est son caractère anormal. Un homme bien portant présente certainement des phénomènes psychologiques où le développement automatique des idées se manifeste jusqu'à un certain point; la mémoire, l'association des idées, l'habitude, sont des faits de ce genre bien décrits, depuis longtemps. Mais, quand deux faits présentent quelques points communs, ce n'est pas une raison pour les confondre. Prétendre que la leçon d'un maître est identique à la suggestion faite aux malades, que le rêve d'un homme qui dort est identique à l'hallucination de l'aliéné et conclure que la suggestion n'est rien, que l'hallucination ou le délire n'existent pas, c'est vouloir, sous prétexte de psychologie, nous plonger, dans la plus complète confusion.

Dans un esprit bien équilibré, le développement automatique des idées présente toujours deux caractères, il est soumis à l'action de la volonté et il est réglé par les faits réels, par les circonstances au milieu desquelles nous nous trouvons. Je ne cherche pas à vous faire comprendre ce que l'on entend par le mot « volonté », je me contente du sens banal. Un acte est volontaire quand nous avons conscience de l'accomplir, quand nous le rattachons à notre personnalité. « C'est moi qui fais cet acte, disons-nous, et je pense que cette action est en rapport avec mon caractère, mes sentiments, mes idées ; je garde le souvenir de l'avoir faite et je la considère désormais comme faisant partie de ma personne. » Nos idées sont aussi déterminées par les circonstances extérieures, par les sensations que nous éprouvons, par tout ce que nous pouvons savoir du lieu et du temps où nous nous trouvons. Si, actuellement, vous pensez à un ballet de l'Opéra, cette idée ne se développera pas en vous parce que vous avez devant les yeux, en regardant cette estrade, un spectacle tout différent et que l'idée d'un ballet de l'Opéra ne s'accorde pas avec les sensations visuelles que vous éprouvez. Le développement de vos idées est donc raisonnable, harmonieux, en accord avec les faits présents, et vous n'avez alors que des souvenirs et non des suggestions. Quand ces deux caractères existent, il ne faut pas parler de suggestion. Quand vous dites à un malade souffrant, pauvre, humble devant vous : « Allons, mon ami, pensez à guérir, pensez que vous êtes guéri, tenez les yeux fermés,

faites semblant de dormir, etc. » Le malade fera tout ce que
vous voudrez, et il aura raison ; mais c'est de la complaisance
volontaire, tout à fait raisonnable, tout à fait en accord avec
les désirs, la personnalité et la situation présente du malade.
Je ne parle pas, bien entendu, de la question thérapeutique;
de bons conseils et des consolations sont toujours des choses
excellentes même pour la santé des malades, mais, je dis
qu'au point de vue psychologique, ce n'est pas le même phénomène que ce que je viens de vous montrer chez ces jeunes
filles.

Chez elles, en effet, ces idées, dont je vous ai parlé, ces
attaques, ces rêves, ces mouvements sont involontaires et en
complet désaccord avec la personnalité de la malade et les circonstances extérieures. Prenons un exemple et choisissons
pour l'étude le cas le plus complet. J'affirme à Berthe qu'elle
a sur ses genoux son petit chien Finaud. Vous voyez, comme
précédemment, le développement automatique de l'idée, elle
voit son chien, le caresse, sent ses poils, lui parle, etc. Mais
remarquez donc que cette jeune fille est maintenant dans un
état tout à fait anormal. D'abord, elle n'a plus aucune sensibilité tactile, elle ne s'aperçoit pas que je la pince du côté
droit, qui d'ordinaire est sensible ; si vous essayez de lui parler
vous verrez qu'elle ne vous entend pas et ne vous voit pas.
J'arrive un peu, moi-même, à attirer son attention sur moi et
à obtenir quelques réponses, car je fais pour ainsi dire partie
de son rêve. D'après ses réponses, vous voyez qu'elle ne sait
plus rien, ne se souvient plus du lieu où elle est, de sa vie
passée, du chagrin qu'elle a eu à la mort de Finaud, de sa
situation actuelle. Il semble qu'il n'y ait plus de personnalité,
dans son esprit il n'y a qu'une idée envahissante, celle de
son petit chien. Et quand elle sort de cette espèce de délire,
vous remarquez qu'elle n'en a aucun souvenir. Tout ce développement automatique s'est fait totalement en dehors de la
personnalité actuelle. Sans doute, c'est un cas énorme de suggestibilité que je vous montre, c'est une jeune fille qui, spontanément, se fixe de cette manière pendant vingt-quatre heures
sur une même idée et qui, pendant ce temps, perd toute conscience et du monde extérieur et de sa propre personnalité.
Mais les cas les plus nets sont les plus instructifs, et nous
voyons chez elle les caractères fondamentaux de la suggestion
qui subsistent plus ou moins altérés dans les autres cas.

Je vous disais, en commençant, que les suggestions sont chez nos malades des idées d'une importance exagérée. Nous avons analysé cette définition vague et nous pouvons la préciser maintenant. Le phénomène de la suggestion est, pour moi, le développement automatique de tous les éléments contenus dans une idée, développement qui se produit sans participation de la volonté ni de la personnalité, sans rapport avec les circonstances présentes.

II. — Un phénomène de ce genre existe-t-il chez tous les hommes d'une manière constante ou bien demande-t-il pour se produire certaines dispositions mentales toutes particulières. Je n'hésite pas à dire qu'il faut pour la suggestion ainsi entendue un état d'esprit tout particulier soit momentané et accidentel, soit permanent. C'est à votre bon sens que je fais appel. Est-ce que nous subissons tous la suggestion comme ces jeunes filles que vous venez de voir. Est-ce qu'il suffit de vous dire, sans modification préalable, que vous avez dix ans pour vous ramener à l'enfance. Voyons, messieurs, faisons l'expérience ; je vous affirme qu'il y a un petit chien sur cette table, est-ce que vous le voyez, est-ce que vous jouez avec lui, est-ce que vous le prenez? Non, eh bien, alors, il y a donc chez Berthe quelque chose de spécial qui doit expliquer la suggestion. Je répète cela, car c'est capital, nous avons tous des habitudes, des souvenirs, des associations d'idées, mais si je vous parle d'un bouquet, vous ne le voyez pas, vous ne le sentez pas, donc j'ai raison de dire que les habitudes, les souvenirs, les associations d'idées normales ne suffisent pas à nous faire voir un bouquet dès qu'on nous en parle. Puisque Berthe le voit, dès que je le lui dis, c'est qu'il y a en elle quelque chose de plus, et c'est ce fait nouveau qui lui est spécial et que nous devons chercher en elle.

C'est dans l'état de leur volonté que nous devons chercher ce phénomène maladif. Les hystériques se présentent, au premier abord, sous deux aspects différents, les unes sont remuantes, agitées, gaies, comme Marguerite, les autres sont calmes, rêveuses, mélancoliques, comme Berthe. Celle-ci se rapproche, en effet, du type qui a été appelé l'hystérie masculine, mais qui existe aussi chez la femme. Au fond, ces deux types reviennent à peu près au même. Elles ne sont plus bonnes à rien, ni l'une ni l'autre, elles ont perdu toute activité sérieuse et utile. Si vous interrogez les parents sur le début de l'hystérie, le récit est toujours le même : on a commencé à s'apercevoir qu'elles ne pouvait plus faire leur ouvrage, qu'elles ne travaillaient plus, qu'elles n'avaient plus de courage, plus de résolution, plus de volonté. Un médecin anglais, William Page, a exprimé ce caractère d'une manière saisissante : « L'état hystérique, dit-il, est constitué essentiellement par la perte du contrôle et l'affaiblissement du pouvoir de la volonté... le défaut se trouve plutôt dans une faiblesse de la volonté que dans une obstination de ne pas vouloir. Le malade dit souvent : « Je ne peux pas, » c'est comme s'il disait : « Je ne veux pas », mais cela signifie : « Je ne peux pas vouloir [1]. » Ce que le médecin anglais exprime ainsi, les malades le disent à chaque instant à leur manière. « Je vais, je viens, je crie, me dit Marguerite, mais sans rien faire, sans arriver à rien, sans rien vouloir, je suis comme une machine qui n'a plus de ressort. » « Il me semble que je marche, que je parle, disait Berthe, mais je ne sais pas ce qui marche, ce qui parle en moi, car moi, je ne fais plus rien, je ne suis là que pour représenter... je laisse perdre ma robe sans avoir le courage de faire un mouvement pour la soigner, je ne m'occupe plus de rien, tout m'est égal... je suis comme un polichinelle dont vous tenez la ficelle ».

Ce caractère se retrouve dans toutes les opérations de leur esprit, elles ont également perdu toute décision, toute certitude dans leurs croyances et leurs perceptions, comme toute résolution dans leurs actes. « Est-ce que c'est vraiment demain la Mi-Carême? Est-ce que je vais à ce bal? J'y vais sans en être sûre. Tout cela est comme un rêve. » Berthe rencontre son frère qui vient la voir et le regarde avec étonnement : Est-ce que c'est vraiment toi, lui dit-elle, je ne suis pas sûre de te reconnaître. » J'ai toujours, me disait-elle, comme un brouillard devant les yeux, je ne reconnais pas bien les choses... Je ne comprends pas bien ce qu'on me dit, ma tête est devenue trop dure et les paroles ne peuvent pas pénétrer... je me perds dans mes idées comme dans un filet, comme dans une toile d'araignée une pauvre mouche. » Cette faiblesse se manifeste

---

[1] The patient says, as all such patients do : « I can not, » it looks like : « I will not, » but it is : « I can not will. » W. Page. Injuries of the spine and spinal cord without apparent mechanical lesion and nervous shock in their surgical and medico-legal aspects. 1883.

encore mieux si on examine ce qu'est devenue chez ces
malades la principale manifestation intellectuelle de la volonté, la faculté d'attention. L'attention est très profondé-
ment modifiée chez toutes les hystériques et d'une manière si
curieuse que nous ne pouvons en faire maintenant l'étude
détaillée. Je vous rappellerai seulement que l'effort d'attention
devient chez elles pénible, rare, de courte durée et qu'il s'accompagne de toutes sortes de symptômes, de fatigue psychique, augmentation des anesthésies, rétrécissement plus
grand du champ visuel, etc. [1]. Quelquefois l'attention est
absolument perdue et les malades sont incapables de fixer leur
esprit sur aucune idée nouvelle. Par exemple, comme je l'ai
montré souvent, elles ne peuvent pas comprendre ce qu'elles
lisent, elles n'ont jamais l'esprit à ce qu'elles font, comme si
toute attention volontaire était impossible.

Cette faiblesse de la volonté et de l'attention, qui est tout à
fait extraordinaire se manifeste par un second caractère en
apparence inverse du précédent et cependant très logique. De
même qu'elles sont incapables de commencer une action, une
croyance ou une perception, de même elles sont incapables de
les arrêter quand elles ont commencé. Je vous surprendrai
peut-être en vous disant une chose qui est cependant juste : la
plupart des accidents hystériques sont, au début, presque
volontaires. On commence à rêver, c'est qu'on le veut bien,
on pourrait s'arrêter, mais c'est si agréable. On commence à
manger peu, c'est pour maigrir, pour avoir la taille fine. On commence une petite colère, une émotion est bien permise. Tout
cela, et les malades vous l'avouent, on aurait pu le faire cesser au
début. Mais l'action continue et la malade ne peut plus s'arrêter.
C'est un délire, c'est une anorexie, c'est une attaque. « Quand

---

[1] J'ai déjà signalé autrefois, au Congrès de psychologie de 1889, ce
phénomène intéressant du rétrécissement du champ visuel provoqué par
l'attention. Dans le compte rendu du Congrès (1890, p. 55) le résumé
très incomplet de cette petite observation a été publié sous le nom de
M. Ballet. M. Ballet sera sans doute heureux que je le décharge de la
responsabilité de cette observation qui pèse indûment sur lui. Sans étudier ici ce phénomène, je me contente de rappeler que je l'ai encore
constaté chez deux malades du service de M. Charcot. Je crois savoir
que M. Séglas l'a constaté aussi de son côté, spontanément sans
connaître ma première communication, chez une malade du service de
M. Falret. C'est un signe de plus de la faiblesse de l'attention chez les
hystériques.

j'ai commencé quelque chose, disait une malade, il faut que je continue malgré tout, je casserai les carreaux pour sortir, me tuerai plutôt que de m'arrêter. » « Je tombe dans une idée comme dans un précipice, me disait Berthe, et la pente est bien dure pour remonter. » « Mon idée me pousse et me chasse sans que je puisse résister, me dit une autre. »

Cette impuissance à s'arrêter, vous la constatez tous les jours. Vous connaissez ces malades qui viennent tous les matins, quand vous entrez dans la salle, vous montrer un bras ou une jambe contracturés et vous dire : « Défaites-moi cela. » Il n'y a presque rien à faire, mais ce rien elles ne sauront jamais le faire toutes seules. Elles viennent souvent, quand elles ont confiance en vous, demander un secours moral du même genre. Marguerite vient un matin me trouver et me dit : « Oh ! je suis en colère depuis ce matin, je voudrais battre et casser, je voudrais bien m'arrêter, mais je ne peux pas. Défaites-moi cela. » Une autre petite me dit : « Je me suis fâchée contre mon amie, je boude depuis hier, c'est bien ennuyeux de bouder ; je voudrais bien cesser, mais je ne peux pas ; défaites-moi cela. » Alors il faut défaire la colère de l'une, la bouderie de l'autre et le rêve de la troisième. C'est-à-dire qu'il faut aider leur volonté absolument défaillante pour s'arrêter comme pour commencer.

Tous les caractères précédents ont été souvent constatés, mais on les rattache d'ordinaire à une autre maladie mentale. Beaucoup d'entre vous voudraient me dire : « Vous décrivez là les symptômes de l'aboulie, une des formes de la folie du doute, et les sujets dont vous rapportez les paroles sont des malades complexes chez qui se sont développées simultané-ment et indépendamment l'une de l'autre deux maladies; d'un côté l'hystérie avec ses anesthésies, ses amnésies, ses attaques et sa suggestibilité; de l'autre le délire des dégénérés avec sa distraction, ses doutes, ses idées fixes et son aboulie. » Messieurs, je n'ai pas l'intention d'entreprendre ici incidemment la discussion de cette grosse question, en général si mal comprise, celle des rapports entre l'hystérie et la folie du doute. Je me contente de vous livrer mon opinion, afin de pouvoir continuer notre étude sur la suggestibilité des hystériques. Je n'admets pas qu'un sujet comme Berthe, qui présente de la distraction et de l'anesthésie, du doute et de l'amnésie, des attaques, des idées fixes et de l'aboulie soit en proie à deux

maladies mentales différentes. Il n'y a là qu'une seule et
même maladie mentale dont les manifestations diffèrent légèrement suivant les circonstances. D'abord, tous ces symptômes
s'accompagnent beaucoup plus souvent qu'on ne le croit. La
plupart des hystériques qui sont ici, présentent de l'aboulie et
du doute; en outre, nous avons compris par nos études précédentes que ces divers symptômes dépendent l'un de l'autre,
que la distraction est la raison d'être de l'anesthésie, comme
l'aboulie est la raison d'être de la suggestibilité. La seule chose
importante à reconnaître, c'est que les symptômes prédomi-
nants ne sont pas les mêmes chez tous les malades. Quoiqu'il
y ait partout une certaine faiblesse dans la volonté, dans la
perception des sensations et des souvenirs, il y en a chez qui
l'amnésie prédomine, d'autres chez lesquelles l'aboulie est
capitale. Et il est important de constater que c'est chez les
abouliques que la suggestion prend son plus grand développement.

J'ai étudié, il y a quelques années, chez mon éminent maître,
M. J. Falret, une malade de cette dernière catégorie qui était
presque exclusivement une aboulique [1], de même que la malade
précédemment étudiée, M^me D..., est presque exclusivement
une amnésique. Je suis resté fort embarrassé, non sur l'interprétation des symptômes, mais sur le diagnostic médical de
cette malade. Mais aujourd'hui, après avoir étudié les nombreuses formes d'hystérie qui se rencontrent dans ce service,
après avoir suivi les leçons de M. Charcot, je n'hésite plus.
Marcelle était une hystérique, comme M^me D... en est une. Il
faut admettre qu'il y a des hystéries monosymptomatiques au
moral comme au physique, et qu'une certaine forme d'aboulie
ou d'amnésie est caractéristique de cette maladie mentale aussi
bien que l'anesthésie ou l'attaque. Retenons donc cette notion
importante : le symptôme de la suggestibilité ne se présente
pas seul, il s'accompagne d'une altération considérable de
l'attention et de la volonté, d'une *aboulie* en un mot. Il nous
reste à étudier cette aboulie dont nous avons constaté l'existence, à montrer qu'elle présente les mêmes caractères déjà
étudiés dans l'anesthésie et l'amnésie et qu'elle peut expliquer
la suggestibilité.

[1] Pierre Janet. — *Étude sur un cas d'aboulie et d'idées fixes.* (*Revue
philosophique*, 1891, t. I, p. 258 et 384.)

III. — Quand vous étudierez un cas d'aboulie, vous serez, je crois, frappé comme moi d'une contradiction entre les paroles et les actes de la malade. Elle déclare qu'elle est incapable de bouger, de faire aucun mouvement, de se lever de sa chaise, de prendre un objet, et elle fait devant vous les efforts les plus infructueux pour lever un doigt. Cependant, si vous faites mine de quitter la malade, si vous la regardez à son insu et surtout sans qu'elle puisse penser qu'on l'observe, vous constaterez qu'elle remue en réalité beaucoup et qu'elle accomplit la plupart des mouvements qu'elle se déclarait incapable de faire. Ici encore, un peu d'attention ; ne concluez pas trop vite que la malade vous a trompés et qu'elle vient pour son plaisir se faire enfermer dans une salle de folles. Songez que les mêmes mouvements peuvent être accomplis de bien des manières, et qu'une de ces façons de se mouvoir peut être perdue, tandis que les autres sont conservées.

J'ai pu, dans l'étude du cas typique dont je vous parlais, établir une distinction entre les mouvements qui étaient conservés et les mouvements qui étaient perdus, et nous retrouverons cette distinction chez les malades que je puis vous montrer. Les mouvements physiologiques : respiration, digestion, n'ont jamais été changés. Les réflexes restent tout à fait normaux aux genoux, aux yeux, à la bouche ; elle tousse, cligne des yeux, etc. Les mouvements qui, par l'exercice, sont devenus instinctifs, sont également intacts ; elle remue sur sa chaise, change de position, chasse une mouche du visage, se gratte, se mouche sans l'ombre d'une hésitation. Les mouvements habituels se font de même ; elle fait quelques travaux à l'aiguille et exécute au crochet d'interminables bandes d'une dentelle qui est, il est bon de le remarquer, toujours la même. A ces diverses catégories de mouvements conservés, il faut en ajouter d'autres plus étranges. De temps en temps, elle déchire des objets, elle griffonne indéfiniment sur un papier, elle se ronge les ongles ou bien elle se précipite pour exécuter certains actes déraisonnables. Mais alors elle n'hésite plus : elle qui s'arrête devant une porte pendant une demi-heure sans pouvoir l'ouvrir, l'ouvre rapidement, comme avec fureur, quand il s'agit d'un de ces actes impulsifs.

Voilà beaucoup d'actes conservés ; quel est leur caractère commun ? Ce sont tous des actes automatiques, et les actes qui sont perdus sont, comme il est facile de le comprendre.

maintenant, tous des actes volontaires. Mais en quoi consiste cette différence des actes automatiques et des actes volontaires? Un premier caractère s'offre d'abord à notre analyse; les actes automatiques sont des actes anciens, exécutés déjà autrefois, organisés dans le passé, mais qui ne sont pas créés, combinés pour des besoins présents. Les actes volontaires sont des actes présents, combinés aujourd'hui même en vue des circonstances actuelles. Un second caractère vient s'ajouter à celui-ci et le compléter : les actes automatiques et anciens sont impersonnels, ils ne se rattachent pas à la personne présente. Nous ne disons pas à leur propos : « je, moi, M. un tel, je fais le mouvement de marcher, de manger, d'écrire, ils ne provoquent que des phénomènes de conscience isolés, et ne rentrent pas dans cette perception d'ensemble qu'on appelle une personnalité présente ».

Ces différences en amènent beaucoup d'autres avec elles : les actes automatiques sont faciles, rapides, incohérents, car ils ne sont pas en accord les uns avec les autres; ils sont absurdes, car ils ne sont pas en rapport avec la situation nouvelle du personnage, avec les circonstances nouvelles; les actes volontaires sont plus lents, plus difficiles, cohérents entre eux, puisqu'ils font partie d'un système clos, raisonnables, puisqu'ils dépendent de la personnalité entière telle que les circonstances dernières l'ont faite. Ces deux catégories d'actes existent toujours en nous, et notre santé morale dépend de leur équilibre; quand la puissance volontaire diminue, l'automatisme l'emporte, le passé écrase le présent. L'homme très âgé, le vieillard, n'est plus capable de s'adapter aux situations et aux choses nouvelles, il ne peut plus que répéter ses idées anciennes, sans rapport avec des temps nouveaux. Tant qu'un homme, quel que soit son âge, est capable d'inventer, de comprendre, de combiner les idées anciennes avec des idées nouvelles, il n'a pas l'esprit d'un vieillard.

Eh bien! nos aboulques ont sur ce point comme sur beaucoup d'autres, l'esprit d'un vieillard. Elles ne sont plus capables de se développer; tout semble fini pour elles dès le début de leur maladie, elles n'apprennent plus rien, ne comprennent plus rien de nouveau. Elles ne s'adaptent plus aux circonstances nouvelles, ou plutôt, puisque la plupart ne sont pas absolument inertes, elles ne comprennent, et ne font rentrer dans leur personnalité que très peu de choses à la fois. Il en est de leurs

actes comme de leurs sensations et de leurs souvenirs. Ainsi que
nous l'avons vu, elles ne sentent que peu de choses à la fois et
sont énormément distraites pour la plupart des impressions
périphériques, de même elles ne peuvent faire avec volonté
que très peu de choses, des actes très simples avec peu de
combinaisons de mouvements et d'images. Une petite hystérique, au bal de la Salpêtrière, me disait : « Je ne puis pas
voir les costumes, je n'en ai pas encore vu un seul. — Eh !
pourquoi donc ? — Parce qu'on me fait danser ; dès que je
veux regarder, je cesse de danser et dès que je veux danser, je
ne peux plus regarder. Quand je veux danser, je ne vois plus
rien du tout, je n'ai plus qu'une seule idée en tête, danser. »
D'ailleurs j'avais déjà vu chez elle le même caractère, j'ai été
obligé de lui interdire de causer en déjeunant, parce qu'elle ne
pouvait plus manger. Quand elle veut manger, il faut qu'elle
ne pense absolument qu'à cela et à rien d'autre. Sa puissance
pour les actes présents, volontaires et personnels est extrêmement réduite ; chez une aboulique complète comme était
Marcelle, cette même puissance était absolument supprimée.

Quelquefois, de semblables personnes arrivent cependant à
effectuer des actes assez nouveaux et assez difficiles, mais elles
les font alors d'une manière toute particulière. Elles ne réflé-
chissent pas, elles ne cherchent pas à se rendre compte de ce
qu'elles font ; au contraire elles agissent d'une façon inconsciente. « Vous voulez que je pense à ce que je fais, disait
Berthe, mais c'est impossible. Je n'y comprends rien, je le veux
pendant un instant, puis mon idée est partie ; si je cherche ce
que je voulais, je n'arrive à rien. Non, il faut que je laisse mes
mains et mes jambes marcher toutes seules ; quand je marche, je
suis comme un ballon qui rebondit tout seul, ce n'est pas moi
qui marche... Quand je veux chanter moi-même c'est impossible ; d'autres fois j'écoute ma bouche qui chante très bien cette
chanson... Quand je veux écrire, je ne trouve rien du tout à
dire, il faut que je laisse ma main faire ce qu'elle veut et alors
elle écrit quatre pages. » Ce qu'il y a de plus curieux, c'est
qu'elle fait ainsi de fort jolies choses ; qu'elle fasse un costume
ou qu'elle écrive une lettre, elle déploie un réel talent, mais
tout cela est effectué dans un état bizarre. Elle se fixe sur son
travail, n'est plus en relation avec le monde extérieur, n'a plus
de notion de sa personnalité, ne possède en un mot dans l'es-

prit que les images essentiellement nécessaires à son travail et ne garde aucun souvenir quand elle a fini.

N'insistons pas sur ce travail curieux de Berthe qui provoquerait bien des réflexions. Contentons-nous de constater que nous retrouvons chez les abouliques trois lois psychologiques que nous avons déjà constatées à propos des anesthésies et des amnésies hystériques. 1º Le sujet a perdu le pouvoir d'exécuter consciemment les actes nouveaux, de même que les amnésiques ont perdu le pouvoir d'évoquer consciemment le souvenir des événements récents. 2º Le malade a conservé le pouvoir d'exécuter consciemment les actes anciens déjà organisés, l'amnésique aussi avait conservé le souvenir conscient des faits anciens. 3º Le sujet a conservé le pouvoir d'exécuter tous les actes, même nouveaux, inconsciemment, sans les rattacher à sa personnalité. Mᵐᵉ D..., de même, avait conservé inconsciemment tous les souvenirs. Vous voyez bien, d'après ces trois lois, que ce nouveau symptôme est identique aux précédents, qu'il est bien de nature hystérique. Car il dépend lui aussi du rétrécissement du champ de la conscience, de la faiblesse de la perception personnelle.

Je crois que nous pouvons maintenant comprendre facilement le pouvoir énorme que la suggestion exerce sur de pareils esprits. Nous constaterons d'abord qu'une aboulique, incapable de rien faire volontairement remue, très bien et fait tous les actes facilement à la suite d'une suggestion. Une expérience curieuse, faite autrefois sur la malade de M. Falret, peut servir à mettre ce point en lumière. Je lui avais suggéré qu'à un signal donné, un coup sur la table, elle prendrait mon chapeau et le mettrait sur une patère. Cette suggestion faite, et en apparence oubliée, je lui demandai poliment : « Mademoiselle, vous devriez bien enlever ce chapeau qui me gêne pour écrire et le mettre sur une patère. — Je ne demande pas mieux, dit-elle. » Et la voici qui essaye de se lever, se secoue, étend les bras, a des mouvements incoordonnés, s'arrête, recommence. Je l'ai laissée travailler ainsi vingt minutes sans qu'elle ait pu accomplir cet acte si simple. Puis j'ai frappé un coup sur la table : aussitôt, elle se lève brusquement, prend le chapeau, l'accroche et revient s'asseoir. L'acte avait été fait par suggestion en un instant, il n'avait pu être fait par volonté en vingt minutes.

Comment s'expliquer cette différence? C'est que les deux

actes, malgré l'apparence, ne sont pas les mêmes. L'acte volontaire de prendre mon chapeau demande, dans l'esprit de la malade, la notion de sa personnalité : Il faut savoir que c'est elle, à tel âge, dans telle situation qui fait l'action, qu'elle la fait en face de moi, par politesse, pour me rendre service, etc..., toutes synthèses compliquées qu'elle est incapable de faire. Au contraire, l'acte exécuté par suggestion est simple, il est accompli sans notion de sa personnalité (quand elle a fini et que je la remercie, elle dit d'un air boudeur : « Ce n'est pas moi, » sans notion de but, sans intelligence de la situation. C'est un acte abstrait en quelque sorte et surtout impersonnel. Tous les actes suggérés sont de ce genre, ce sont des actions anciennes habituelles qui sont répétées sans rapport avec la situation présente, sans notion de personnalité.

Non seulement l'action suggérée est simple et facile pour un aboulique, mais elle est chez lui irrésistible. En effet, sa personnalité présente se réduit au minimum, sa volonté affaiblie n'est pas capable de résister au développement automatique des anciennes perceptions. Au moindre choc, à la suite de l'émotion légère produite par le ton de ma voix, la perception personnelle d'aujourd'hui s'anéantit, leur personnalité fragile disparaît et l'acte automatique trouve le champ libre et se développe suivant les lois précédemment indiquées. Regardez en effet comment s'exécute une suggestion : quand vous affirmez à une de ces malades une idée bizarre, en contradiction avec la réalité, elle reste surprise, elle semble recevoir un choc et pendant quelque temps, elle résiste, c'est-à-dire que pendant quelque temps, elle conserve dans sa conscience la notion de sa personnalité, la connaissance des objets extérieurs réels, et ces idées justes s'opposent à la pensée contradictoire que notre parole éveille dans l'esprit. Ensuite, comme le disait Marguerite quand je l'interrogeais sur ses impressions, leur attention se fatigue extrêmement vite et elles ne peuvent conserver tant de choses à la fois dans l'esprit. « Que mon attention se détourne une seconde, et un moment, je suis perdue, je ne sais plus rien, je suis absorbée dans ce que vous me dites. » Traduisons ce langage, et disons : sa conscience trop étroite ne renferme plus les souvenirs et les sensations antagonistes, elle oublie qu'elle est à l'hôpital, qu'elle a vingt-trois ans, etc., et tous les éléments contenus dans l'idée suggérée se développent en liberté[1].

Les mêmes conceptions relatives à la suggestibilité peuvent se vérifier d'une manière en quelque sorte inverse. Au lieu d'étudier ce qui se passe, et les altérations de la pensée qui existent au moment où les suggestions réussissent, examinons les modifications qui surviennent quand une malade cesse d'être suggestible. Je sais bien que certains auteurs prétendent que tous les hommes sans exception sont perpétuellement suggestibles et n'admettent pas que l'on puisse étudier l'absence de suggestibilité. Pour moi, je n'ai pas une influence aussi formidable, et j'ai cru remarquer que les hystériques elles-mêmes n'étaient pas toujours suggestibles. Je vous communique avec naïveté le résultat de mes observations.

Souvent, je le sais bien, elles ne sont pas suggestibles parce qu'elles ont une autre idée en tête; rien n'est difficile comme de suggestionner une personne qui a déjà reçu une suggestion ou qui a une idée fixe. Mais je ne parle pas de cela. Certaines hystériques que personne n'a touchées, qui n'ont certainement pas d'idées fixes, deviennent peu à peu de moins en moins suggestibles. A quel propos? Tout simplement quand elles guérissent. Je l'ai observé deux fois, et dans des circonstances si particulières, que je désire vous le raconter en quelques mots. Une hystérique avait des crises tous les jours, ne mangeait pas et ne dormait pas, elle était suggestible au plus haut point. Un peu grâce à moi, je le dis tout bas, elle se calme, n'a plus d'attaques, mange et dort, elle se renforcit, reprend ses souvenirs, puis sa sensibilité. Eh bien! je ne pouvais plus rien lui commander. Entendons-nous, elle m'obéissait très docilement par consentement volontaire, mais n'avait plus ce développement automatique des idées, sans conscience personnelle et sans souvenir. Tout avait disparu. Huit mois après, elle revient me trouver, se plaignant de migraines, d'insomnies, de cauchemars, elle était de nouveau distraite, anesthésique et amnésique. Il suffit d'un mot pour la suggestionner comme je voulais. Une autre hystérique à peu près complètement guérie ne pouvait plus être suggestionnée que pendant trois jours chaque mois, vous devinez lesquels, et pendant ces trois jours

[1] Sur le rôle de l'amnésie dans la suggestion et sur le rétrécissement du champ de conscience. Voir *Automatisme psychologique*, 1889, p. 185.

elle reprenait les stigmates de la désagrégation psychologique.

Mieux que cela encore. Vous avez tous remarqué que, au cours même de la maladie, sous toutes sortes d'influences, les hystériques changent beaucoup d'état psychologique. Après une crise, après un sommeil prolongé naturel ou artificiel, après une émotion quelconque, ou bien pendant certains états anormaux que l'on provoque ou qui surviennent spontanément, les malades se trouvent momentanément transformées. Le voile épais qui les empêchait de comprendre les choses se déchire, elles ont des instants clairs comme me disait autrefois Marcelle. Eh bien! pendant ces instants clairs, vous remarquerez deux choses simultanées : 1° la suggestibilité a diminué considérablement ou même a disparu, plus d'actes automatiques et impersonnels, plus d'hallucinations en contradiction avec les sensations réelles [1]; 2° en même temps, vous voyez que l'anesthésie a disparu, que le sujet n'est plus ni distrait, ni amnésique, ni aboulique [2].

Vous vous souvenez du somnambulisme complet que je vous ai fait constater dernièrement chez Wiltm. Vous savez que l'on peut la maintenir pendant quelque temps dans un état qui, pour elle, est extraordinaire et dans lequel elle ne conserve aucun des stigmates hystériques qui la caractérisent pendant la veille. Eh bien! cet état présente un caractère de plus auquel je n'ai pas pu faire allusion en parlant des amnésies. Cette personne si suggestible pendant toute sa vie, si malléable, reprend toute sa liberté, elle cède quand on lui commande quelque chose, mais par cette complaisance dont j'ai déjà parlé, elle ne présente plus le phénomène de la suggestion proprement dite.

Les faits précédents me semblent constituer un véritable « experimentum crucis » comme le demandait Bacon, et nous montrer la relation étroite qui unit la suggestion aux tares hystériques. Ce développement automatique des éléments renfermés dans une idée ancienne ne peut se produire sans volonté personnelle et sans rapport avec les perceptions présentes,

---

[1] M. Pitres a remarqué aussi que tous les sujets ne sont pas également suggestibles dans les différents sommeils hypnotiques. (*Leçons sur l'hystérie*, 1891, II, 166.)

[2] Voir une observation complète de ce phénomène. *Aut. psych.*, 178.

qu'au moment seulement où la volonté personnelle et la
perception des choses présentes est extrêmement diminuée.

Messieurs, vous savez qu'il est impossible de faire ici, en
une séance, une étude complète de la suggestion; j'ai été
obligé de laisser bien des points de côté. Les formes variées
que la suggestion peut prendre, ses effets singuliers, les limites
de son pouvoir, ses dangers, ses conséquences en pathologie
mentale, toutes ces questions et bien d'autres sont forcément
omises. Je n'ai voulu étudier devant vous qu'un seul point
précis, celui qui intéresse des médecins. J'ai tenu à séparer le
phénomène de la suggestion proprement dite de certains faits
de la psychologie normale plus ou moins analogues; j'ai
étudié la suggestion pathologique, la suggestion qui est un
symptôme d'une maladie mentale. J'ai essayé de remonter aux
causes plus profondes de ce symptôme et je vous ai montré
qu'il dépendait, non pas seulement des lois générales de l'association des idées telles qu'elles s'appliquent chez tous les
hommes, mais d'un trouble particulier de la volonté. Ce trouble, cette aboulie existe dans plusieurs maladies mentales, et
en particulier dans l'hystérie dont il forme un symptôme
essentiel. Cette aboulie n'est pas la disparition de tous les
actes en eux-mêmes, elle est de la même nature que l'anesthésie et l'amnésie hystériques que nous connaissons déjà. En
considérant la suggestion de cette manière, en évitant de la
confondre avec toutes sortes d'autres faits, en l'analysant
comme un symptôme clinique, nous croyons être fidèle à la
méthode qui a fait la gloire de l'école de la Salpêtrière. Si la
psychologie doit pénétrer dans la médecine, ce n'est pas pour
y apporter la confusion. M. Charcot nous a appris à étudier
l'hystérie en savant, il a toujours voulu mettre de l'ordre dans
ce chaos, choisir des types, établir des classes, soumettre à des
lois des faits considérés comme protéiformes. En un mot, il a
soutenu toute sa vie qu'il y a un déterminisme rigoureux, même
dans l'hystérie. Si on considère aujourd'hui ces malades à un
point de vue un peu différent, si on examine leurs caractères
psychologiques, il faut cependant le faire avec la même méthode. Il ne suffit pas de prendre au hasard une notion psychologique pour expliquer tout, il faut analyser, classer et chercher
le déterminisme des phénomènes. Notre leçon eut été plus
facile et plus claire, si nous avions dit que la suggestion est

tout et qu'elle explique tout; il nous a semblé plus vrai de dire que la suggestion est un fait pathologique qui ne s'explique pas lui-même et qui suppose bien des conditions antérieures[1].

[1] Les autres études qui complètent ces premières conférences seront publiés dans un ouvrage qui paraîtra prochainement dans la collection Charcot-Debove, l'état mental des hystériques.

ÉVREUX, IMPRIMERIE DE CHARLES HÉRISSEY

CPSIA information can be obtained at www.ICGtesting.com
Printed in the USA
BVOW09s0508020714

357973BV00008B/158/P